"十三五"国家重点出版物出版规划项目
材料科学研究与工程技术系列

锻模课程设计指导与实例

Guidance and Examples of Course Design for Forging Dies

- 主　编　孙金平　韩　飞
- 副主编　刘洪伟　陈　刚

哈尔滨工业大学出版社

内容简介

本书共6章,简述了锻模课程设计的目的、任务及要求,详细论述了锤用锻模设计的要求、方法和步骤,简要介绍了切边模和冲孔模的设计方法。本书给出了60多个锻模课程设计题目,并收纳了锤用锻模设计所需的资料。书中还介绍了长轴类锻件锤上锻模设计的典型实例及图例,为读者进行锻模课程设计提供参考。

本书适合高等工科院校材料成型及控制工程专业使用,也可供高职院校相关专业选用,还可供模具企业从事锻模设计的工程技术人员参考。

图书在版编目(CIP)数据

锻模课程设计指导与实例/孙金平,韩飞主编.
—哈尔滨:哈尔滨工业大学出版社,2021.7
　　ISBN 978-7-5603-9468-8

Ⅰ.①锻… Ⅱ.①孙…②韩… Ⅲ.①锻模-课程设计-高等学校 Ⅳ.①TG315.2

中国版本图书馆 CIP 数据核字(2021)第 106039 号

材料科学与工程
图书工作室

策划编辑	许雅莹
责任编辑	许雅莹　张　权
封面设计	高永利
出版发行	哈尔滨工业大学出版社
社　　址	哈尔滨市南岗区复华四道街10号　邮编150006
传　　真	0451-86414749
网　　址	http://hitpress.hit.edu.cn
印　　刷	哈尔滨市工大节能印刷厂
开　　本	787mm×1092mm　1/16　印张8　字数175千字
版　　次	2021年7月第1版　2021年7月第1次印刷
书　　号	ISBN 978-7-5603-9468-8
定　　价	24.00元

(如因印装质量问题影响阅读,我社负责调换)

前　言

按照材料成型及控制工程专业的教学计划，学生在学习"体积成形原理与方法"课程之后，要进行两周的课程设计。热模锻工艺是"体积成形原理与方法"课程主要教学内容之一，并且在锤上可实现多工步成形，锤头打击速度快，可以利用金属的流动惯性，迫使金属充填模膛，适合普通级锻件的大批量生产，故一般选择锤上模锻工艺及模具设计作为课程设计的主要内容。

通过锤上模锻工艺及模具课程设计，学生熟悉模锻件的设计要点，掌握终锻与预锻模膛的设计方法，合理选择制坯工步并掌握制坯模膛的设计方法，学会毛坯体积计算与尺寸确定、锻锤吨位的确定，熟悉锤用锻模结构设计与锻模材料的选用。

编写本书的目的是配合锻造模具课程设计教学环节，为学生选题、完成课程设计提供直接指导和帮助。

全书内容分为6章。第1章介绍锻模课程设计的任务及基本要求；第2章介绍锻模设计的步骤、方法和要求，并且给出了60多个锻模设计题目；第3章讨论锤用锻模设计；第4章介绍切边模和冲孔模设计；第5章给出常用的锻模设计资料，以及模锻锤和切边压力机的技术参数；第6章通过一个实例深入浅出地介绍典型零件的锤上模锻工艺过程设计的具体内容和步骤，以及模具结构设计的方法和结果。

本书为"体积成形原理与方法"课程的配套教材，独立性很强。本书从课程设计的实用角度出发，选用的资料翔实简明，题目难度适宜，全部题目有二维图形和三维图形，使学生容易理解；所用标准全部为最新标准；按课程设计的顺序编写，便于学生学习。

本书适合高等工科院校材料成型及控制工程专业使用，也可供高职院校相关专业选用，还可供模具企业从事锻模设计的工程技术人员参考。

本书由孙金平、韩飞任主编，刘洪伟、陈刚任副主编。本书第1、3章由孙金平编写，第2、4章由韩飞编写，第5章由刘洪伟编写，第6章由陈刚编写。全书由孙金平负责统稿，进行校核。

哈尔滨工业大学崔令江教授、于洋教授对书稿进行了认真的审阅，并提出了许多有益的意见，在此表示衷心的感谢。

由于编者水平有限，书中难免有疏漏和不足之处，敬请读者提出宝贵意见。

编　者
2021年1月

目 录

第1章 锻模课程设计概论 ... 1
1.1 锻模课程设计的目的 ... 1
1.2 锻模课程设计的内容 ... 1
1.3 锻模课程设计的基本要求 ... 3
1.4 锻模课程设计的组织与实施 ... 4
1.5 锻模课程设计答辩与成绩评定 ... 5

第2章 锻模设计概述 ... 6
2.1 锻模设计的步骤与方法 ... 6
2.2 模具设计的要求 ... 13
2.3 锻模设计题目汇编 ... 14

第3章 锤用锻模设计 ... 45
3.1 模膛设计 ... 46
3.2 锻模结构设计 ... 70

第4章 切边模和冲孔模设计 ... 86
4.1 切边和冲孔的基本方式及模具类型 ... 86
4.2 切边模 ... 87
4.3 冲孔模和切边冲孔复合模 ... 93
4.4 切边力和冲孔力的计算 ... 95

第5章 锻模设计资料 ... 96
5.1 模锻件设计 ... 96
5.2 长轴类圆柱体锻件端头体积的计算 ... 96
5.3 锻模标准 ... 103
5.4 锤用锻模的材料及其硬度 ... 111
5.5 蒸汽-空气两用模锻锤的主要技术参数 ... 112
5.6 切边曲柄压力机的主要技术参数 ... 112

第 6 章　锤用锻模设计举例 ································· 114

　6.1　锻件设计 ································· 114
　6.2　锻件主要参数的计算 ································· 115
　6.3　锻锤吨位的确定 ································· 115
　6.4　飞边槽的形式和尺寸确定 ································· 116
　6.5　计算毛坯图绘制 ································· 116
　6.6　模锻工步选择 ································· 117
　6.7　坯料尺寸确定 ································· 117
　6.8　制坯模膛设计 ································· 118
　6.9　锻模结构设计 ································· 120
　6.10　连杆锤模锻工艺流程 ································· 120

参考文献 ································· 121

第 1 章　　锻模课程设计概论

1.1　锻模课程设计的目的

锻造工艺与模具设计能力是材料成型及控制工程专业学生所必备的工程技术能力之一。锻模课程设计是必修课,也是提升学生锻造工艺与模具设计能力的重要教学环节。

在锻模课程设计之前,学生已完成机械制图、互换性与测量技术、机械设计基础、体积成形原理与方法、模具材料及热处理、模具制造工艺、材料成形设备等专业基础课程和专业课程的学习,并进行过机械设计基础课程设计的训练,通过金工实习、认识实习、生产实习、实验教学等实践性教学环节的锻炼,初步了解锻件的成形工艺和生产过程。

锻模课程设计是"体积成形原理与方法"课程中的实践性教学环节,是材料成型及控制工程专业(模具设计及制造方向)教学计划的重要组成部分,也是对学生进行全面的锻模设计训练的基础。其目的如下:

(1) 通过锻模课程设计,学生可初步学会综合运用"体积成形原理与方法"课程及相关课程的知识和方法,进而解决锻模设计中的问题,进一步巩固、加深和拓宽所学课程的知识。

(2) 通过锻模课程设计,学生可掌握一般锻件成形工艺,以及一般锻模的设计内容、步骤和方法,基本掌握锻模设计的一般规律、锻模对锻件质量和生产的影响等,培养分析和解决工程实际问题的锻模设计能力。

(3) 通过计算、绘图和运用技术标准、规范、设计手册等有关设计资料,学生可提高数字化设计工具的使用能力,以完成在锻模设计方面所要求的基本训练,为今后进一步进行锻模设计打下良好基础。

1.2　锻模课程设计的内容

根据锻模课程设计的目的,课程设计题目的难度不宜太大,以形状较为简单的中小型锻件锤用锻造模具设计为宜。

1. 教师指定课程设计题目

锻模课程设计一般以"锻模课程设计任务书"的形式下达,"锻模课程设计任务书"见表 1.1。

表1.1　锻模课程设计任务书

专　业		班　级	
学　生		指导教师	
题　目			
设计时间	年　月　日　至　年　月　日　共　周		
设计要求	设计的任务和基本要求,包括设计任务、查阅文献、方案设计、图纸要求、说明书(计算、图表、撰写内容及规范等)、工作量等内容。 1. 根据教师下发的任务书或学生自编的任务书,完成制件的锻造工艺设计,并进行锤用锻造模具设计。 2. 绘制锤用锻模总装配图一张(A0或A1),锤用锻模的上模和下模零件图各一张。 3. 编制锤用锻模的上模和下模零件的加工工艺规程。 4. 撰写4 000字以上的设计说明书。 5. 说明书组成:封皮、任务书、摘要、关键词、目录、正文和参考文献。正文主要包括任务来源与制件要求分析、工艺计算与工艺方案制订、模具设计计算、锻锤吨位选择、模具结构特点和工作原理等。 6. 锻件名称、编号、材料牌号。 　　锻件名称:　　　　　锻件编号:　　　　　材料牌号: 7. 设计批量、精度及供选设备。 　　设计批量:大批量　　设计精度:普通级　　供选设备:模锻锤 （制件图形及技术要求）			

指导教师签字:　　　　　　系(教研室)主任签字:　　　　　年　月　日

"锻模课程设计任务书"一般由指导教师指定制件的形状、尺寸、材料、生产批量及技术要求等原始资料,由教研室主任审定后,作为正式任务下达给每名学生。此任务书要求学生制订制件的成形工艺方案、绘制模具装配图和零件图,以及编写设计计算说明书等。

2. 学生自选课程设计题目

为激发学生兴趣,提高学生的积极性和主动性,可要求学生自选锻件作为课程设计的设计对象,自己对所选零件进行实物测绘,并绘制出零件图。通过实物测绘,学生可进一步了解锻件的结构,学会选取制件的材料,分析其成形工艺性的方法。

教师在课程教学开始前就布置测绘制件的任务,让学生带着任务学习,在学习中不断获得完成任务所必需的知识和方法直至最终完成任务。学生在课程设计开始之前必须完成制件的测绘,并分析其成形工艺性。通过该环节,课程理论教学与课程设计可有机地结合在一起。

制件测绘的具体内容如下:

(1)每人1个制件,教师要加强对测绘的指导。

(2)用于测绘的实物制件由学生搜集选择,在征得任课教师同意后方可进行测绘。

(3)要求学生根据制件的形状画出清楚、正确的草图,用适当的测量工具测量制件尺寸,并在草图上标注尺寸和公差。

(4)制件草图完成后,应经过校核、整理,再依此绘制制件图,并选取制件所用的材料,确定批量大小,提出适当的技术要求等。

(5)每名学生应用所学的理论和方法对产品进行工艺性分析,对不合理的部分(包括形状、尺寸、公差等)进行修正。

(6)测绘后每名学生参照表1.1编写设计任务书。

(7)指导教师对学生编写的设计任务书进行审核,并签字。

1.3　锻模课程设计的基本要求

在进行课程设计时要求学生做到以下几点:

(1)明确任务书的各项要求,按时、高质量地完成课程设计。

(2)及时了解模具技术发展动向,查阅相关资料,做好设计准备工作,充分发挥自己的主观能动性和创造性。

(3)树立正确的设计思想,结合生产实际综合地考虑经济性、实用性、可靠性、安全性及先进性等方面的要求,严肃认真地进行模具设计。

(4)设计采用的有关参数、标准、规范及性能指标具有先进性。

(5)工艺方案合理、计算正确,模具结构合理,制件图、模具总装图及零件图的图面整洁,图样及标注符合国家标准。

(6) 选择标准模块和标准零部件。

(7) 设计时使用熟悉的绘图软件,如 AutoCAD、CAXA、Pro/E、UG 等计算机辅助设计软件,以便快速和高质量地完成模具设计任务。

(8) 编制的成形工艺规程和模具零件制造工艺规程符合生产实际。

(9) 设计计算说明书要求手写或打印,手写要求使用学校统一的课程设计本,按课程设计本的格式填写有关内容。

1.4 锻模课程设计的组织与实施

1. 分组与分工

指导教师对班级学生进行合理分组与分工,是保证锻模课程设计质量的前提。指导教师将全班学生根据前修课程的基础兼顾其他方面的差异平均分组,每组 4~5 人,选出 1 人为设计组组长。锻模设计每人 1 个制件,形状相似的制件可归为 1 组。为保证课程设计质量,每位指导教师指导 3~4 组。在指导教师的指导下,组内同学通过讨论共同完成制件成形工艺方案的制订。

根据成形工艺方案,每人独立完成一个锻件的锤用锻造模具设计和切边凸、凹模的设计。

2. 设计地点

锻模课程设计要求在教室(或机房)进行,以便于指导教师及时辅导。

3. 锻模课程设计的时间安排

(1) 锻模课程设计时间为 2 周。

(2) 时间分配参见表 1.2。

表 1.2 锻模课程设计时间分配表

序号	内 容	时间/天
1	上课,查找资料,分析制件工艺性,进行必要的工艺计算,制订工艺方案	2
2	选择锻造设备,确定锻造模具结构方案,绘制锤用锻造模具总装草图	2
3	绘制正式的锤用锻造模具装配图	2
4	绘制锤用锻模的上模和下模零件图	1
5	编制锤锻模上模和下模零件的加工工艺	0.5
6	整理、编写设计说明书	1.5
7	答辩	1

4. 锻模课程设计动员

锻模课程设计开始,由任课教师做课程设计动员,阐述课程设计的重要意义,以及课程设计的目的、要求、步骤和进度安排,还要介绍注意事项,并且对不合理的设计和常见错误进行分析。

5. 锻模课程设计过程管理

锻模课程设计时,要求每一阶段的设计经认真检查无误后,方可继续进行。指导教师进行辅导答疑,并及时检查学生的课程设计情况及进度。学生完成规定的全部任务方可参加设计答辩。

6. 学生提交的技术资料

课程设计完成后学生交给指导教师的技术资料如下:

(1) 课程设计任务书一张。

(2) 计算毛坯图一张(只对长轴类锻件需要)。

(3) 锻造工艺过程卡、锤锻模的上模和下模零件的制造工艺卡各一张。

(4) 锤锻模总装图一张,锤锻模的上模和下模零件图纸各一张,按 4 号图纸折叠。

(5) 设计说明书一份。

1.5　锻模课程设计答辩与成绩评定

1. 锻模课程设计答辩

教师审阅学生提交的资料后,最后一天在设计教室组织学生答辩。同组学生一起答辩,答辩采用个别方式进行,同组学生必须全程旁听小组答辩。

通过答辩,学生对自己的锻模设计工作和设计结果进行一次系统总结,更深一步体会整个模具设计过程。答辩时,学生要依据模具图纸,简单叙述模具设计内容和特点,以及在设计中遇到的问题和解决措施。学生自述后,教师可从以下几个方面提出问题:

(1) 锻造工艺知识(5 分)。

(2) 模具设计的主要内容(5 分)。

(3) 设备的选择及有关模具参数校核(4 分)。

(4) 标准模块与标准件的选用(3 分)。

(5) 模具材料的选用及模具零件制造工艺的相关问题(3 分)。

答辩学生根据教师所提问题,进行回答。每名学生的答辩时间(包括汇报和提问)不少于 15 min。答辩环节满分为 20 分,教师可根据学生回答问题的情况打分。

2. 锻模课程设计成绩评定

锻模课程设计按一门课程单独计算成绩,课程设计成绩分为优秀、良好、中等、及格和不及格五等。课程设计评分标准如下:

(1) 工作表现(考核比例为 30%)。

(2) 模具图面质量、技术文件(说明书、锻造工艺过程卡和机械加工工艺过程卡)质量(考核比例为 50%)。

(3) 答辩成绩(考核比例为 20%)。

第2章　锻模设计概述

锻模课程设计是材料成型及控制工程专业的重要实践教学环节之一。学生通过锻模课程设计的实践过程,对"体积成形原理与方法"课程的知识有更深的理解并加以应用,进一步学习和理解模具结构知识,初步具备进行锻造工艺和锻模设计的能力,为将来在工作中尽快提高工程技术能力奠定坚实的基础。因此,要求学生在锻模课程设计过程中认真做好每一步工作,力求弄懂弄通,学到真功夫。

2.1　锻模设计的步骤与方法

1. 明确设计任务,收集有关资料

学生接受任务书或自选题目确定设计内容后,首先明确自己的设计课题要求,并仔细阅读锻模设计指导方面的教材,了解锻模设计的目的、内容、要求和步骤;然后在教师指导下拟定工作进度计划,查阅有关图册、手册等资料。若有条件,应深入到相关工厂了解所设计零件的用途、结构和性能,以及在整个产品中的装配关系、技术要求和生产的批量,采用的锻造设备型号和规格,模具制造的设备型号和规格,标准化等情况。

2. 分析制件的形状,进行锻造工艺性分析

在明确设计任务、收集有关资料的基础上,全面分析零件的形状尺寸、材料特性、受力情况、性能要求和加工特性。模锻件的材料应具有良好的可锻性,模锻件的形状比自由锻件复杂。但是为使金属易于充满模膛,减少变形工序和提高模具寿命,模锻件外形的设计应力求简单、平直和对称,尽量避免锻件的截面差别过大,或具有过薄的壁、过高的筋和凸起等结构。

分析制件的成形性能、结构工艺性是否符合锻造工艺要求。若不合适,应提出修改意见,经指导教师同意后修改或更换设计任务书。

3. 模锻件设计及锻件质量计算

就设计锻模而言,模锻件设计及锻件质量计算是工艺设计的第一步,应与模锻工艺设计及锻模设计密切配合进行。模锻件设计的主要内容有:① 分模面位置;② 工艺余块、机械加工余量及锻造公差;③ 模锻斜度;④ 圆角半径;⑤ 冲孔连皮及压凹;⑥ 技术条件等。

设计冲孔连皮时分两个阶段进行,在模锻件设计阶段主要考虑孔能否成形的问题,即在可冲通、盲孔/压凹和不成形之间做出选择。对于可冲通的孔,冲孔连皮的具体尺寸设计留至模膛设计阶段完成,锻件图上不绘制连皮,即绘成冲去连皮的状态。

锻件质量计算时,对于形状简单的锻件,将锻件划分为若干部分,每一部分都按接近规则的几何形体计算体积,将各部分体积相加得出总体积,然后将总体积乘以材质密度得出锻件质量。

对形状复杂的锻件,也可以用截面图的方法计算锻件质量。方法是在坐标纸上,以锻件的长度为横坐标,以锻件的截面积除以缩尺比得到的直线段为纵坐标,按一定缩尺比画出锻件的截面图,截面图曲线下的总面积乘以所用缩尺比即得锻件体积,再将体积乘以材质密度得出锻件质量。

锻件在模锻时会存在欠压,在计算锻件质量时,锻件厚度尺寸需要加上锻件厚度正公差的一半。

若学生学过三维建模,则要求设计中采用计算机辅助设计的方法。采用三维造型软件(Pro/E、UG 等)建立冷锻件的三维模型,通过软件获得锻件的基本数据:锻件在分模面上的投影面积 S、锻件周边长度 $L_周$、锻件长度 L、锻件体积 V 和锻件质量 m。

4. 制订工艺方案,填写锻造工艺卡

在工艺分析的基础上,确定锻件的总体工艺方案,然后确定锻造加工工艺方案(它是制订锻件工艺过程的核心)。

根据制件的锻造工艺性分析,结合批量要求、生产设备、制模能力等,初步确定出模锻设计方案:选用设备类型、采用模锻形式(开式模锻、闭式模锻、挤压及顶镦四种)、模锻方法(一模几件和一火几件)和大概的变形工步。最后对可能的几种工艺方案分析比较,综合对比其优缺点,选出一种最佳方案,并将其内容填入锻造工艺卡中。

5. 终锻模膛设计

(1)热锻件图设计。在冷锻件图的基础上考虑锻件材料的收缩率及冷锻件图与热锻件图在个别部位的差异绘制热锻件图,根据热锻件图确定模具的终锻模膛。

连皮是模膛的一部分,且同模膛一道加工,所以,在冲孔件的热锻件图上要绘制连皮。

根据热锻件图,在三维造型软件中建立热锻件三维模型,为后续的 CAD 设计提供模型及数据基础。

(2)飞边槽及飞边质量的计算。选择飞边槽时,要考虑飞边槽桥口的磨损或压塌,便于充填模膛、简化切边模的冲头形状和简化锻模的制造,锻件形状复杂、毛坯体积难免偏大,锻件局部难于充满等因素。根据公式,计算桥口高度 $h_飞$。根据计算出的 $h_飞$ 及模锻设备规格,查表得飞边槽其他尺寸,通过计算得出飞边槽的横截面面积 $S_飞$。

根据选定的飞边槽形式和尺寸,在锻件图的基础上补充飞边。飞边质量等于飞边体积乘以材质密度。飞边体积等于飞边截面积乘以飞边宽度一半处的飞边周长。模锻时,飞边不需要完全充满飞边槽,计算时,可按飞边充满方式和锻件形状而定。

飞边体积的计算式为

$$V_飞 = L_飞 \times \eta S_飞 \tag{2.1}$$

式中 $V_飞$——飞边体积,mm^3;

   $L_飞$——沿锻件周边分布的飞边宽度一半处的飞边周长,mm;

η——飞边槽充满系数,形状简单的锻件取 0.3 ~ 0.5,形状复杂的锻件取 0.6 ~ 0.8,常取 0.7;

$S_{飞}$——飞边槽的横截面面积,mm²。

(3)钳口设计。终锻模膛和预锻模膛前的特制凹腔,称为钳口,它是夹钳的操作空间。

6. 预锻模膛设计(如果有必要)

采用预锻模膛可提高锻模寿命,并使锻件易于充满终锻模膛,不产生折叠等缺陷。预锻模膛的设计准则如下:

(1)预锻形成的预锻毛坯的截面面积大于终锻模膛相应截面面积,终锻镦粗成形不是必要的。对于成形不是主要问题的锻件,可采用两种设计方法:① 预锻模膛可以等于终锻模膛相应截面面积,利用预锻时上下模不打靠而多出的那部分金属,达到预锻毛坯截面面积大于终锻模膛相应截面面积,以满足成形的要求;② 其终锻可以是镦粗成形,预锻模膛截面可以窄一点、高一点。对于成形是主要问题的锻件,应在锻件不易充满部位的预锻模膛处,加宽加深,达到预锻形成的预锻毛坯截面面积大于终锻模膛相应截面面积,以满足成形的需要,其不易充满部位的终锻用挤压成形,其余部位采用镦粗成形,不要一概采用镦粗成形或挤压成形。

(2)增大预锻模膛的圆角半径,并适当简化,以免产生折叠。

(3)预锻模膛弥补制坯工步的不足,在特殊部位,如叉子、枝芽处,采用特殊方法,满足成形的需要。

7. 制坯工步的选择

(1)短轴类锻件制坯工步的选择。短轴类锻件一般使用镦粗制坯,形状复杂的锻件宜用成形镦粗制坯。特殊情况下,采用拔长、滚压或压扁制坯工步。

(2)长轴类锻件制坯工步的选择。

① 绘制计算毛坯图。计算毛坯是长轴类件锻模设计的重要工艺文件,它是制坯工步选择和制坯模膛设计的依据。根据热锻件图绘制计算毛坯图,所绘热锻件图应含冲孔连皮、变形敷料等。为便于观察,将飞边轮廓也绘制在热锻件周围,用双点划线表示飞边轮廓。计算毛坯的长度 L 就是热锻件的总长度(暂不考虑两端头的飞边)。计算毛坯图一般应绘制在毫米级坐标纸上。绘制和计算锻件典型截面、用细实线绘制锻件截面图和直径图,将有关数据列表(模板见表 2.1),用粗实线绘出修正后的锻件截面图和直径图,求出平均截面积 $S_{均}$ 和直径 $d_{均}$。应用 Pro/E 等软件作各断面图,就很方便获得其面积。

表 2.1 计算毛坯的计算数据列表模板

序号	项目					
	$S_{锻i}$	$2S_{飞i}$	$S_{计i} = S_{锻i} + 2S_{飞i}$	$d_{计i}$	$S'_{计i}$	$d'_{计i}$
1-1						
2-2						
…						

② 选择制坯工步。绘制计算毛坯截面图和直径图后,根据计算公式,计算金属流入

头部的繁重系数 α、金属沿轴向流动的繁重系数 β、杆部斜率 k。计算毛坯截面图所围面积即为计算毛坯体积(锻件与飞边体积之和)。

根据计算的繁重系数(α、β、k、m),查经验图表,得出长轴类锻件所需的制坯工步的初步方案。

根据锻件的形状,考虑是否采用预锻,从而确定最终模锻工步方案(包括制坯、模锻和切断工步)。

8. 制坯模膛与切断模膛设计

各种制坯工步都要通过相应的模膛完成,因此,在确定模锻工序的工步方案后,需要设计相应的制坯模膛。

(1) 拔长模膛的设计。拔长模膛和拔长台是用来减小毛坯某部分的横截面面积,同时增加其长度,具有分配金属的作用。拔长台是一种简易的拔长模膛。当毛坯被拔长部分较短时,不设置拔长模膛,而是在锻模的分模平面上留出一平台,边缘倒圆用来进行拔长毛坯。

(2) 滚压模膛设计。滚压模膛用来减小毛坯某部分的横截面面积而增大另一部分的横截面面积,并少量增加毛坯的长度起到分配金属的作用,使毛坯接近计算毛坯的形状,同时滚光毛坯表面,避免产生折叠和去除氧化皮。

滚压模膛的形式较多,有开口式、闭口式、不对称闭口式、半开口式和不等宽闭口式等。

(3) 卡压模膛。卡压模膛也称压肩模膛,作用是略微减少毛坯高度,增大宽度,使头部有少量的聚料作用。毛坯在卡压模膛中只锤击一次,并平移送入终(预)锻模膛。

卡压模膛分为开式、闭式两种,通常采用开式。

(4) 弯曲模膛的设计。弯曲模膛用于将毛坯放入模膛内经过弯曲后,使其符合终锻模膛在分模面上的形状要求。弯曲模膛没有聚料作用,毛坯在弯曲模膛中不翻转,送入终(预)锻模膛时需翻转 90°。

常用形式有自由弯曲式和夹紧弯曲式。自由弯曲式适用于具有圆浑形弯曲的锻件,一般只有一个弯角。夹紧弯曲式是毛坯在模膛内除了弯曲成形外,还具有较大的拉伸变形。夹紧弯曲成形适用于多个弯曲或具有急突弯曲形状的锻件,如多拐曲轴等。

(5) 镦粗台与压扁台。

① 镦粗台。模锻圆形或近似圆形锻件时需要将毛坯进行镦粗。镦粗台的作用就是用来减小毛坯的高度,使其直径增加,从而使毛坯在终锻模膛的打击次数减少,并有利于金属充满模膛和提高锻模使用寿命,还可避免或减少终锻时产生折叠等缺陷。镦粗时,毛坯轴线与分模面垂直放置。

② 压扁台。压扁台的作用是压扁毛坯,减少毛坯厚度增加宽度,使毛坯放入终锻模膛时能覆盖一定的模膛面积,以防止锻件产生折叠等缺陷。同时,能去除氧化皮,提高锻模使用寿命。

(6) 切断模膛。切断模膛常用于一料多件模锻(或一火多件模锻),每锻成一件时,就切下一件,以便继续锻制下一个锻件。

9. 确定坯料尺寸及下料方式

(1) 长轴类锻件的坯料尺寸确定。长轴类锻件的坯料尺寸确定应以计算毛坯图为依据,并考虑不同制坯的需要,计算出各种模锻方法所需的坯料截面积,然后再选取标准规格钢材,并确定坯料长度。

(2) 短轴类锻件的坯料尺寸确定。短轴类锻件常用镦粗制坯,所以坯料尺寸应以镦粗变形为依据进行计算。

中小型模锻件一般用轧材或挤压棒材生产,常用剪床、冲床或锯床下料。

10. 锻前加热、锻后冷却及热处理要求的确定

(1) 确定加热方式及锻造温度范围。金属坯料的加热方法根据采用的加热源不同,可分为燃料加热和电加热两大类。对中小型钢锻件,生产中多采用以油、煤气、天然气或煤作为燃料的室式炉、半连续炉等加热。

金属的锻造温度范围是指始锻温度和终锻温度之间的一段温度区间。确定锻造温度的原则是能保证金属在锻造温度范围内具有较高的塑性和较低的变形抗力,并能使成形的锻件获得所希望的组织和性能。

(2) 确定加热时间。加热时间是指坯料装炉后从开始加热到出炉所需的时间,包括加热各个阶段的升温时间和保温时间。钢料加热时间的计算方法与使用的加热炉有关。

(3) 确定冷却方式及规范。应根据锻件材料的化学成分、组织特点、锻件的断面尺寸和锻造变形情况等因素确定合适的冷却速度。一般来说,合金化程度较低、断面尺寸较小、形状比较简单的锻件,允许的冷却速度快,锻后空冷,反之则应缓慢冷却或分阶段冷却。

通常用轧材锻造成形的锻件允许比钢锭锻成的锻件冷却速度快。

(4) 确定锻后热处理方式及要求。锻件在机加工前后均进行热处理,其目的是调整锻件的硬度,有利锻件进行切削加工,消除锻件内应力、细化晶粒等。中小型钢锻件热处理方法有退火、正火和调质等。

11. 确定模锻锤的吨位

终锻成形所需的最大打击能量的计算较为复杂,在生产实践中,模锻锤的吨位可按经验公式或简化理论公式计算。

12. 锤用锻模结构设计

锤用锻模模膛布置和模块尺寸确定是锤用锻模结构设计的两个重要问题,它关系到生产效率、锻件质量、劳动强度和锻模锻锤使用寿命等。

(1) 模膛布置。锻模模膛布置是根据模膛的数目及各模膛的作用安排的。原则上尽可能使模膛中心与锻模中心重合,防止产生锤击偏心力,减小模锻件偏移量,提高锻件精度等。另外,在保证应有的打击能量和锻模强度的前提下,尽量减小模块尺寸。

布排模膛和确定模块尺寸时,首先要剪出各模膛样板,采用吊线法求出各模膛的形心,把各纸样板放在图纸上反复移动确定出各形心与锻模中心的位置关系,从而把各模膛布置在锻模模块上。初步确定模块长宽高尺寸后,反复校对各种尺寸关系,直至满足要求。

(2) 模壁厚度及模膛距离的确定。首先确定模膛外壁厚度,然后确定模膛间距离,一般是根据锻模的使用经验而定。

(3) 模块尺寸确定。确定模块尺寸时,必须考虑模膛数目、各模膛尺寸、各模膛排列方式及其间壁厚,还需满足承击面积要求、锻模质量要求、模块安装空间要求等。

先根据模膛布排方式、模膛最大深度和模膛间壁厚,初步确定模块尺寸,然后分别校核模块承击面积、模块安装空间、模块质量、锻模中心与模块中心的关系,直至趋于最佳值,最后圆整到标准系列。

① 模块高度。模块高度初始值由模膛最大深度确定。

② 模块长度。模块长度初始值由终锻模膛长度、钳口尺寸和模壁厚度确定。其等于包括飞边槽的终锻模膛长度、包括钳口颈的钳口长度与模壁最小厚度之和。

③ 模块宽度。确定模块宽度较复杂,必须考虑到模膛数目、模膛尺寸、模膛间壁厚和模膛的布置等因素。如果各模膛均采用平行排列,模块宽度即为各模膛的最大宽度、模膛间最小壁厚与模壁最小厚度之和。如果各模膛采用错开布排时,模块宽度必须考虑模膛间中心距。如果同时有预锻终锻的锻件,当长度方向尺寸变化较大时,或预锻终锻模膛中心距离大于允许偏移量时,若不增大设备吨位,则必须采用错排。

④ 承击面积校核。初步确定模块长宽高尺寸以后,为防止分模面压陷,需要校核承击面积,实际承击面积应该大于允许最小承击面积;否则,加大模块长宽尺寸,但同时还需要保证模块的长宽尺寸在一定范围之内,以保证模块不与导轨相碰。应限制模块最大宽度与导轨间距大于 20 mm,最小宽度超出燕尾 10 mm。锻模最大长度也应限制,其伸出模座部分的长度应在模块高度的 1/3 之内;否则,重选高一档吨位。

⑤ 上模质量校核。在满足以上条件后,从标准系列中选取一种规格,然后计算标准规格的模块质量,其值不应超过锻锤吨位的 35%;否则重新选择吨位。

⑥ 锤击中心与模块中心的偏移量校核。布置好模膛,确定模块尺寸之后,还需要校核锻模中心相对于模块中心的偏移量,其长度和宽度方向的偏移量应该在其长宽尺寸的 1/10 之内。

⑦ 基准面。基准面设计在模块两相互垂直的侧边,这两侧面所构成 90° 的角称为检验角。

⑧ 模块的技术要求。制造模块的锻造比不应小于3,常取4。锻模材料金属流线方向应与打击方向垂直,禁止金属流线与打击方向一致。对于长轴件,材料流线方向与燕尾方向一致;对于短轴件,材料流线方向与键槽方向一致。

(4) 锁扣设计。锁扣可以平衡水平错移力,起到导向作用,提高模具寿命和锻件精度,也便于锻模的安装、调整。锁扣通常分为平衡锁扣和一般锁扣。一般锁扣又分圆形锁扣、纵向锁扣、侧块锁扣和角锁扣,其主要尺寸根据锻锤吨位确定。

(5) 燕尾、键槽和起重孔设计。锤用锻模紧固在锤头和模座上,既要求紧固可靠又要求安装调试方便,经长期生产实践表明用楔铁和键块配合燕尾紧固的方法最令人满意。在使用楔铁时应注意上下楔铁不能互换使用。

燕尾、楔铁、键块和垫片的尺寸与锻锤吨位有关。

锻模一般质量较大,为便于在运输和安装过程中穿入吊装棒,应设置起重孔,起重孔在燕尾中心线上位于锻模的前后两端。

(6) 锻模主要尺寸公差与表面粗糙度。锻模模膛尺寸公差可按工厂规定的技术条件执行。设计时一般在锻模图纸中不注出。

锤用锻模与模膛表面粗糙度,一般在锻模图样中不注出。

(7) 确定锻模材料及热处理要求。进行热锻模具材料选择时,必须考虑三种性能,即钢的耐磨性、韧性和红硬性。

锤用锻模工作时承受冲击载荷,故对钢的力学性能要求较高,特别是韧性要求较高。锤用锻模的截面尺寸较大,故对钢的淬透性要求较高,以保证整个模具组织和性能均匀。锤用锻模的材料及其硬度见 5.4 节。

13. 锻件的切边和冲孔模设计

开式模锻工序之后,模锻件周围产生的横向飞边以及锻件孔内的连皮都需要切除。切边和冲孔常在切边压力机或摩擦压力机上进行。对于特别大的模锻件可采用油压机切边。

对于钢锻件切边和冲孔可在热态下(750 ℃ 以上)进行,也可在冷态下(模锻后锻件完全冷却)进行。编制工艺时,须根据锻件几何形状、尺寸和材料以及车间设备等来选择热切边还是冷切边。

切边和冲孔所用的模具按结构分为简单模、连续模及复合模三种。中、小批量的锻件生产时常用简单模。大批量生产时采用连续模或复合模。为选择切边设备吨位,需要进行切边力和冲孔力的计算。切边时凸模一般进入凹模,必须确定切边凸模与凹模的间隙大小。根据选用切边压力机的型号规格和所采用模具的封闭高度尺寸来确定切边凸模高度尺寸。

14. 校正模设计(根据需要)

为消除锻件由于冷收缩不均而引起的变形以及冲连皮、切飞边时产生的变形,使锻件符合锻件图的技术要求,需要对变形锻件进行校正,校正模设计方法见锻模设计手册。

2.2　模具设计的要求

1. 锤用锻模装配图

锤用锻模装配图用来表明锤用锻模结构、工作原理、组成锤用锻模的全部零件及其相互位置和装配关系。一般情况下,锤用锻模装配图用主视图和俯视图表示,若还不能表达清楚,再增加其他视图;一般按1∶1的比例绘制。锤用锻模装配图上要标明必要的尺寸和技术要求。

(1) 主视图。主视图放在图样的上面偏左,按锤用锻模正对操作者方向绘制,一般按模具闭合状态绘制。对于一般整体式锻模,主要采取正投影画法,在成形镦粗模膛或圆形锁扣处采用局部剖面画法。主视图是模具装配图的主体部分,应尽量在主视图上将结构表达清楚。

主视图的画法一般按机械制图国家标准规定执行,但也有一些行业习惯和特殊画法,如由于上、下模安装部分对称,上模燕尾部分可以不画,只画下模燕尾。在主视图的右侧绘制坯料图和热锻件图,热锻件图是制造终锻模膛的依据。对于具有镦粗台的模具,需要绘出自由镦粗后的坯料形状;对于具有成形镦粗模膛的模具,需要绘出成形镦粗后的坯料形状。

(2) 俯视图。俯视图通常布置在图样的下面偏左,与主视图相对应。通过俯视图可以了解锤用锻模模膛的平面布置、钳口以及飞边槽的轮廓形状等。若飞边槽桥口在上模,在俯视图上用双点划线画出桥口的轮廓线。习惯将上模部分拿去,只反映模具的下模俯视可见部分。

在俯视图右侧绘出制坯模膛的形状,在图纸右侧的合适位置绘制键槽、飞边槽的剖面形状。装配图上应标注必要的尺寸,如模具闭合尺寸、模块外形尺寸、检验角尺寸、起重孔直径、制坯模膛尺寸、钳口尺寸和飞边槽尺寸等。

(3) 标题栏和零件明细表。标题栏和零件明细表布置在图样右下角,并按机械制图国家标准填写。零件明细表应包括件号、名称、数量、材料、热处理、标准零件代号及规格、备注等内容。模具图中的所有零件都应详细填写在明细表中。

(4) 技术要求。装配图的技术要求布置在图纸下部适当位置。

2. 锤用锻模上模和下模零件图

锤用锻模的零件主要包括上模和下模零件。零件图的绘制和标注应符合机械制图国家标准的规定,要注明全部尺寸、公差配合,形位公差,表面粗糙度,材料,热处理要求及其他技术要求。

3. 锤上模锻工艺卡、锤用锻模上模和下模机械加工工艺过程卡

(1) 锤上模锻工艺卡。锤上模锻工艺卡是以工序为单位,说明整个锻造加工工艺过程的工艺文件,包括:① 制件的材料、质量、坯料规格;② 制件简图或工序简图;③ 制件的主要尺寸；④ 各工序所需的设备和工装(模具)；⑤ 检验及工具、时间定额等。

(2) 锤用锻模上模和下模零件的机械加工工艺过程卡。锤用锻模上模和下模零件的机械加工工艺过程卡包括上模和下模的整个工艺路线、经过的车间、各工序名称、工序内容，以及使用设备和工艺装备。

4. 设计说明书

设计者除了用工艺文件和图样表达自己的设计结果外，还必须编写设计说明书，阐明自己的设计观点、方案的优劣、依据和过程。其主要内容如下：

(1) 目录。
(2) 设计任务书及产品图。
(3) 序言。
(4) 制件的工艺性分析。
(5) 锻造工艺方案的制订。
(6) 模锻件设计。
(7) 终锻模膛设计。
(8) 预锻模膛设计。
(9) 制坯工步的选择。
(10) 制坯模膛与切断模膛设计。
(11) 坯料尺寸及下料方法的确定。
(12) 锻前加热、锻后冷却及热处理要求的确定。
(13) 模锻锤吨位的确定。
(14) 锤用锻模结构设计。
(15) 切边力和冲孔力的计算。
(16) 切边凸模与凹模间隙大小的确定。
(17) 切边凸模高度的确定。
(18) 主要参考文献目录。

说明书中应附锻模结构等必要的简图。所选参数及所用公式应注明出处，并说明式中各符号所代表的意义和单位(一律采用法定计量单位)。

说明书最后(即内容18)应附有参考文献目录，包括作者、书刊名称、出版社、出版年份。在说明书中引用所列参考资料时，只需在方括号里注明其序号及页数，如：见文献[7]第221页。

2.3　锻模设计题目汇编

1. 轴承座

轴承座锻件图如图2.1所示，质量为11.6 kg，材料为16MnDR，在锻件背弧和内孔安装轴承部位有 2.5 mm 的机加工余量,其他部位均为非加工面。未注脱模斜度为 7°,未注圆角半径 R 为 2 mm。

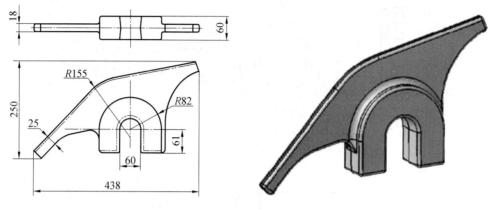

图 2.1　轴承座锻件图

2. 第二速齿轮

第二速齿轮热锻件图如图 2.2 所示,锻件质量为 6.11 kg,材料为 20CrMnTi,未注脱模斜度为 7°,未注圆角半径 R 为 2 mm,收缩率为 1.5%。

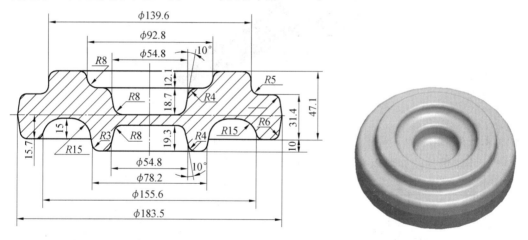

图 2.2　第二速齿轮热锻件图

3. 连杆

连杆零件图如图 2.3 所示,材料为 40 钢。

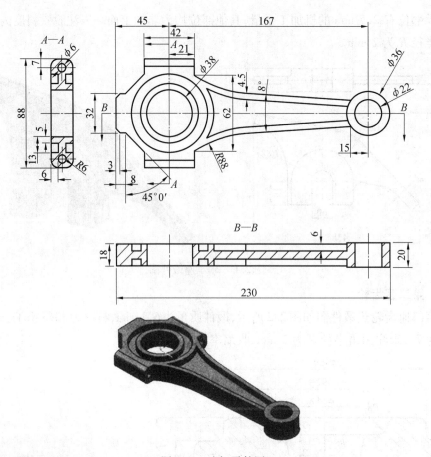

图 2.3　连杆零件图

4. 十字轴

十字轴锻件图如图 2.4 所示,材料为 20Mn2TiB 钢。

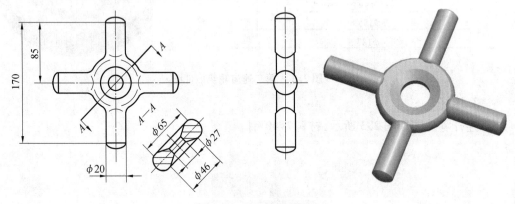

图 2.4　十字轴锻件图

5. 套管叉

套管叉锻件图如图 2.5 所示,材料为 45 钢。

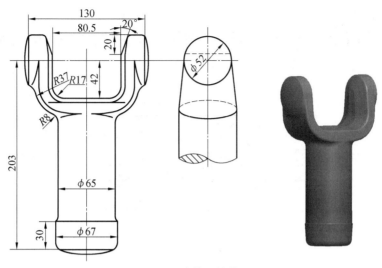

图 2.5　套管叉锻件图

6. 十字轴

十字轴锻件图如图 2.6 所示，材料为 20CrMnB。

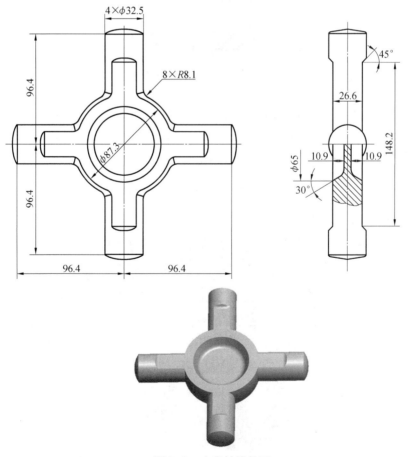

图 2.6　十字轴锻件图

7. 倒档齿轮

倒档齿轮锻件图如图 2.7 所示,材料为 20MnTiB。未注脱模斜度为 7°,未注圆角半径 R 为 3 mm。

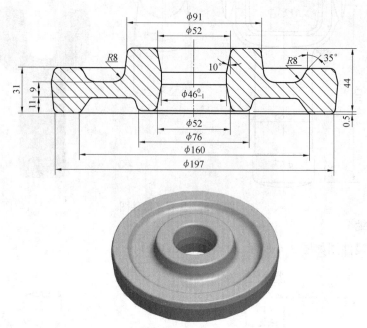

图 2.7　倒档齿轮锻件图

8. 齿轮

齿轮锻件图如图 2.8 所示,材料为 45 钢。锻件表面不能有裂纹、折叠等缺陷,未注圆角半径 R 为 3 mm。

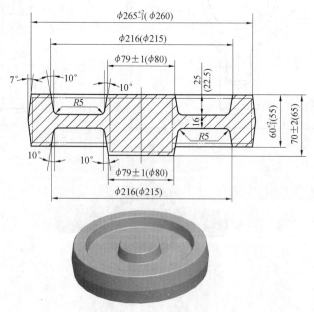

图 2.8　齿轮锻件图

9. 齿轮

齿轮热锻件图如图 2.9 所示,材料为 40 钢。

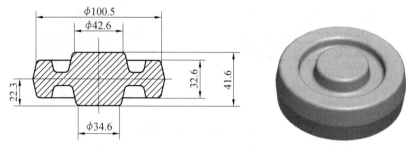

图 2.9　齿轮热锻件图

10. 齿圈

齿圈热锻件图如图 2.10 所示,材料为 40Cr。

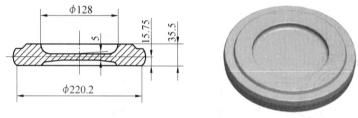

图 2.10　齿圈热锻件图

11. 传动齿轮

传动齿轮热锻件图如图 2.11 所示,材料为 50 钢。

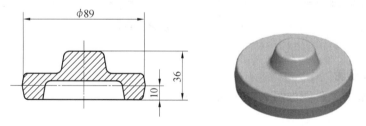

图 2.11　传动齿轮热锻件图

12. 中间齿轮

中间齿轮热锻件图如图 2.12 所示,材料为 20CrMnTi。

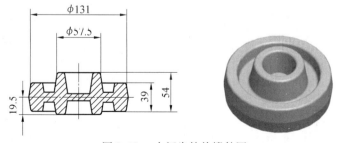

图 2.12　中间齿轮热锻件图

13. 锥齿轮

锥齿轮热锻件图如图 2.13 所示，材料为 40MnB。

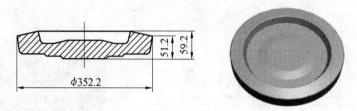

图 2.13　锥齿轮热锻件图

14. 十字轴

十字轴热锻件图如图 2.14 所示，材料为 40CrNi。

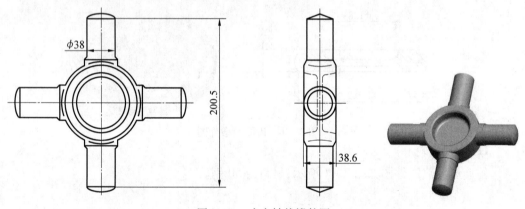

图 2.14　十字轴热锻件图

15. 凸缘齿轮

凸缘齿轮热锻件图如图 2.15 所示，材料为 35SiMn。

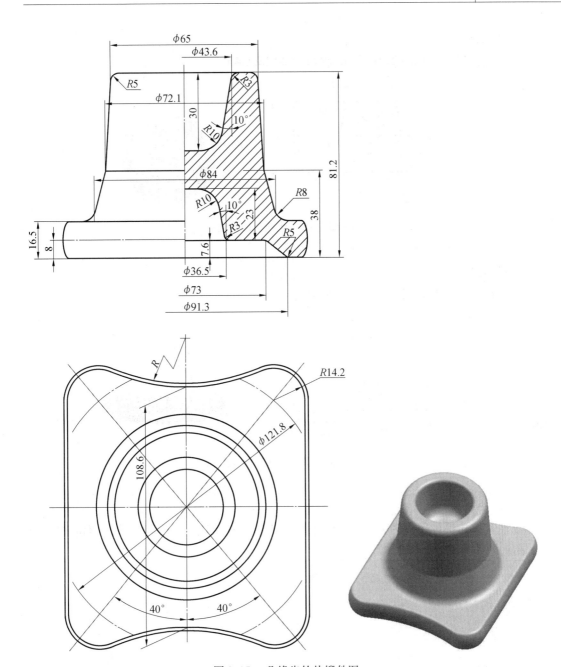

图 2.15　凸缘齿轮热锻件图

16. 齿轮

齿轮热锻件图如图 2.16 所示，材料为 20Cr2Ni4A。

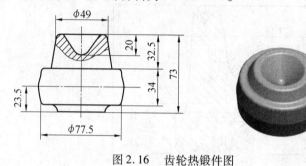

图 2.16　齿轮热锻件图

17. 轮毂

轮毂热锻件图如图 2.17 所示，材料为 40Cr。

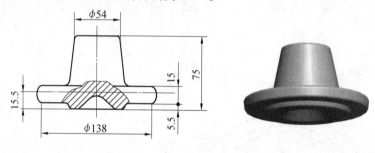

图 2.17　轮毂热锻件图

18. 油箱盖

油箱盖热锻件图如图 2.18 所示，材料为 45 钢，未注脱模斜度为 7°，未注圆角半径 R 为 3 mm，尺寸按交点注。

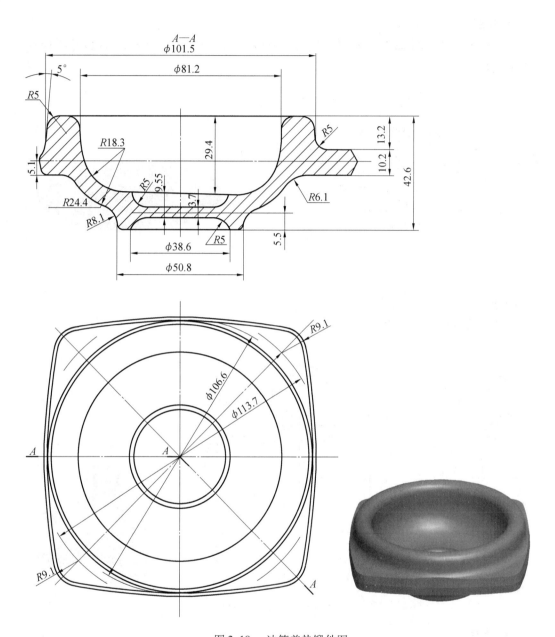

图 2.18 油箱盖热锻件图

19. 端盖

端盖热锻件图如图 2.19 所示,材料为 42CrMo4,未注脱模斜度为 7°,未注圆角半径 R 为 2 mm,尺寸按交点注。

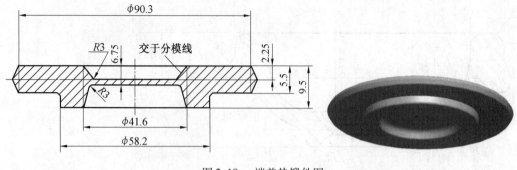

图 2.19　端盖热锻件图

20. 壳体

壳体热锻件图如图 2.20 所示,材料为 40Cr。

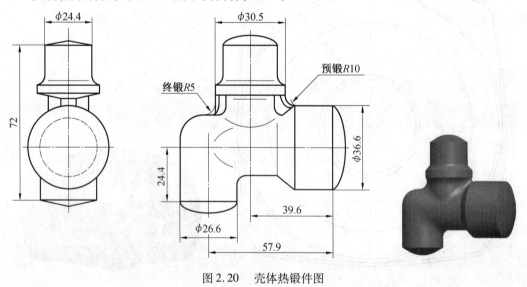

图 2.20　壳体热锻件图

21. 悬架

悬架锻件图如图 2.21 所示,材料为 45 钢。

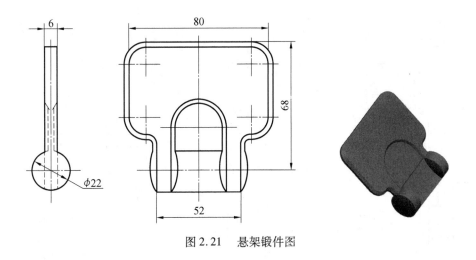

图 2.21　悬架锻件图

22. 惰轮轴

惰轮轴热锻件图如图 2.22 所示,材料为 45 钢,未注脱模斜度为 7°,未注圆角半径 R 为 2 mm。

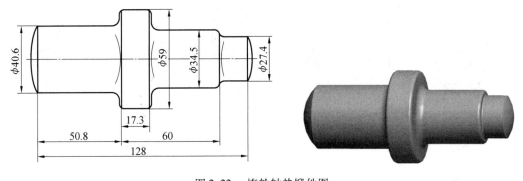

图 2.22　惰轮轴热锻件图

23. 连杆

连杆热锻件图如图 2.23 所示,材料为 40Cr,未注脱模斜度为 7°,未注圆角半径 R 为 2 mm,尺寸按交点注。

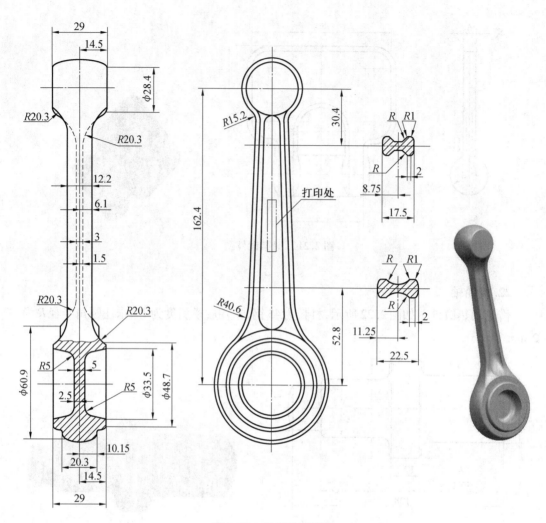

图 2.23　连杆热锻件图

24. 主动轴

主动轴热锻件图如图 2.24 所示，材料为 45 钢。

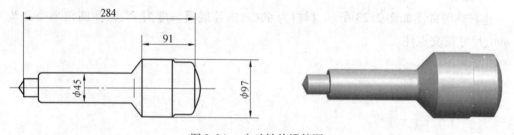

图 2.24　主动轴热锻件图

25. 销轴

销轴热锻件图如图 2.25 所示，材料为 45 钢。

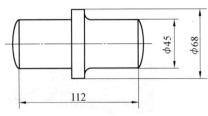 

图 2.25　销轴热锻件图

26. 连接头

连接头热锻件图如图 2.26 所示，材料为 40Cr。

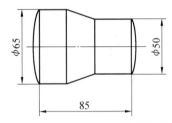 

图 2.26　连接头热锻件图

27. 手柄

手柄热锻件图如图 2.27 所示，材料为 45 钢。

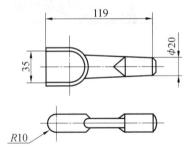 

图 2.27　手柄热锻件图

28. 杠杆

杠杆热锻件图如图 2.28 所示，材料为 45 钢。

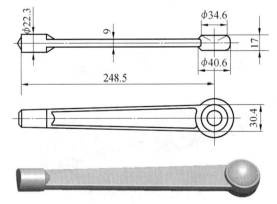

图 2.28　杠杆热锻件图

29. 惰轮轴

惰轮轴热锻件图如图 2.29 所示,材料为 40Cr。

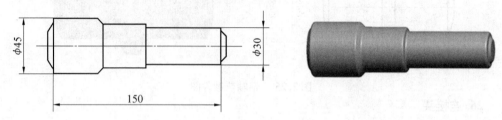

图 2.29　惰轮轴热锻件图

30. 调节杆

调节杆热锻件图如图 2.30 所示,材料为 45 钢。

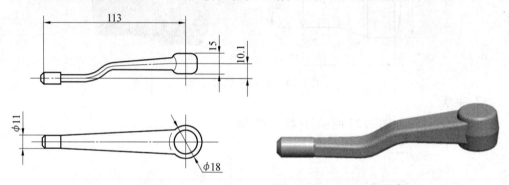

图 2.30　调节杆热锻件图

31. 手柄

手柄热锻件图如图 2.31 所示,材料为 45 钢。

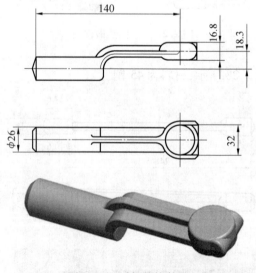

图 2.31　手柄热锻件图

32. 操纵杆

操纵杆热锻件图如图 2.32 所示，材料为 45 钢。

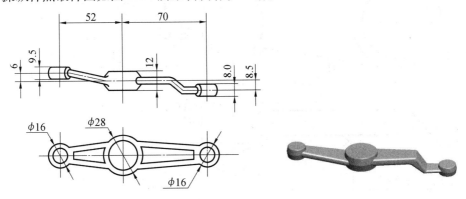

图 2.32　操纵杆热锻件图

33. 转向臂

转向臂热锻件图如图 2.33 所示，材料为 45 钢。

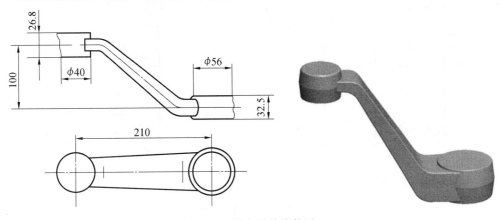

图 2.33　转向臂热锻件图

34. 制动杠杆

制动杠杆热锻件图如图 2.34 所示，材料为 45 钢，未注脱模斜度为 7°，未注圆角半径 R 为 2 mm。

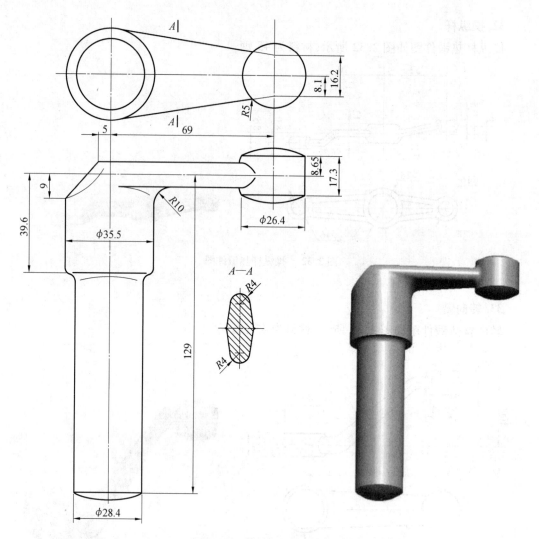

图 2.34　制动杠杆热锻件图

35. 转向节臂

转向节臂热锻件图如图 2.35 所示,材料为 45 钢,未注脱模斜度为 7°,未注圆角半径 R 为 2 mm,尺寸按交点注。

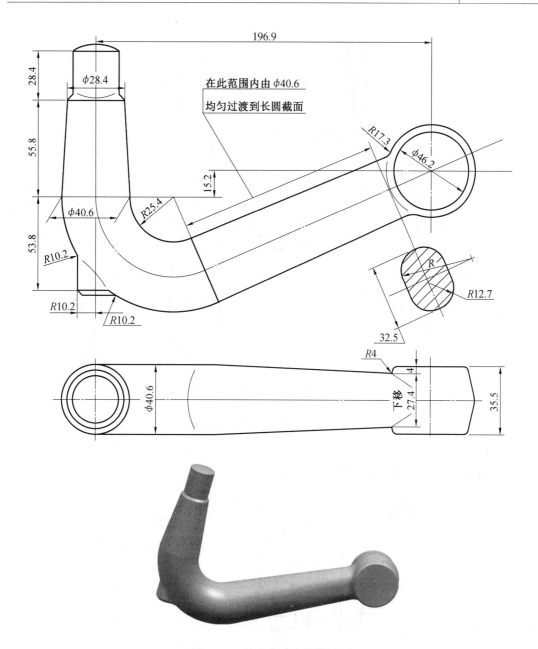

图 2.35 转向节臂热锻件图

36. 踏板杠杆

踏板杠杆热锻件图如图 2.36 所示,材料为 45 钢,未注脱模斜度为 7°,未注圆角半径 R 为 2 mm,尺寸按交点注。

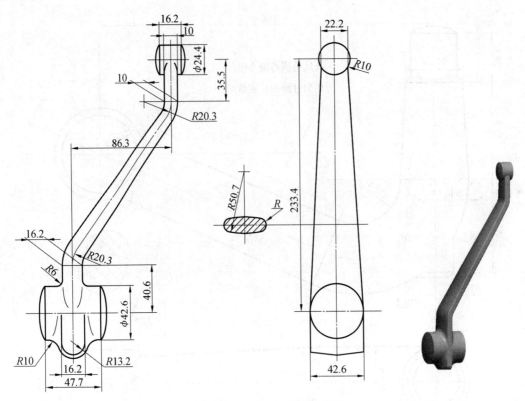

图 2.36　踏板杠杆热锻件图

37. 制动臂

制动臂热锻件图如图 2.37 所示，材料为 45 钢。

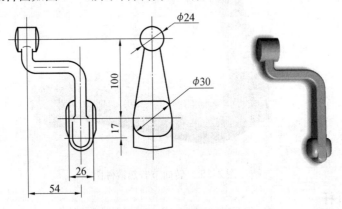

图 2.37　制动臂热锻件图

38. 离合叉

离合叉热锻件图如图 2.38 所示,材料为 45 钢。

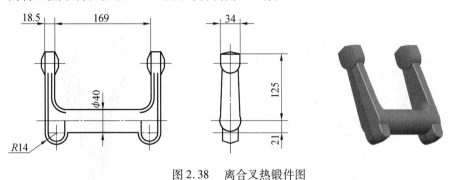

图 2.38 离合叉热锻件图

39. 结合叉

结合叉热锻件图如图 2.39 所示,材料为 45 钢,未注脱模斜度为 7°,未注圆角半径 R 为 2 mm,尺寸按交点注。

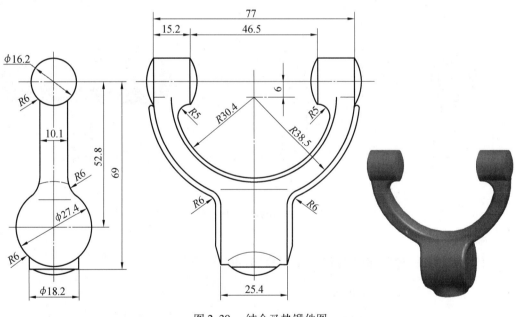

图 2.39 结合叉热锻件图

40. 拨叉

拨叉热锻件图如图 2.40 所示，材料为 40Cr。

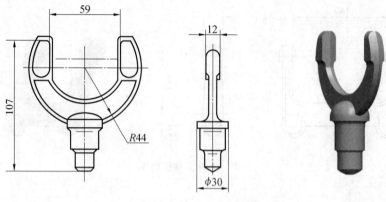

图 2.40　拨叉热锻件图

41. 喷射器体

喷射器体热锻件图如图 2.41 所示，材料为 45 钢。

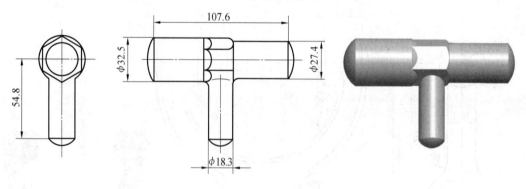

图 2.41　喷射器体热锻件图

42. 传动齿轮

传动齿轮热锻件图如图 2.42 所示，材料为 40Cr。

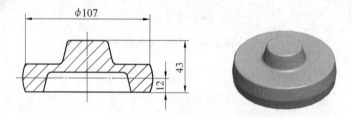

图 2.42　传动齿轮热锻件图

43. 中间齿轮

中间齿轮热锻件图如图2.43所示,材料为45钢。

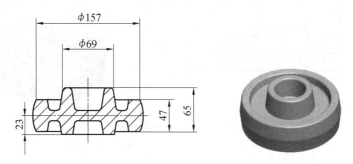

图2.43　中间齿轮热锻件图

44. 传动齿轮

传动齿轮热锻件图如图2.44所示,材料为45钢。

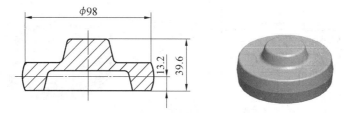

图2.44　传动齿轮热锻件图

45. 中间齿轮

中间齿轮热锻件图如图2.45所示,材料为40Cr钢。

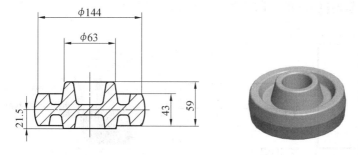

图2.45　中间齿轮热锻件图

46. 齿轮

齿轮热锻件图如图2.46所示,材料为50钢。

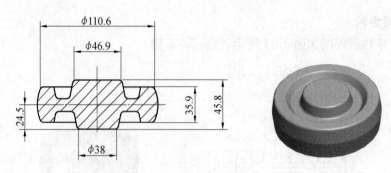

图 2.46　齿轮热锻件图

47. 齿轮

齿轮热锻件图如图 2.47 所示,材料为 40MnB。

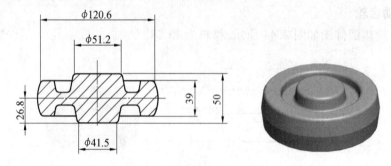

图 2.47　齿轮热锻件图

48. 台阶轴

台阶轴零件图如图 2.48 所示,材料为 20CrMo。圆柱面粗糙度 Ra 的上限值为 1.6 μm,端面粗糙度 Ra 的上限值为 6.3 μm。

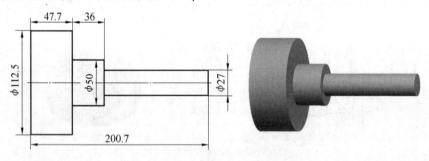

图 2.48　台阶轴零件图

49. 台阶轴

台阶轴零件图如图2.49所示,材料为40CrNi。圆柱面粗糙度 Ra 的上限值为1.6 μm,端面粗糙度 Ra 的上限值为3.2 μm。

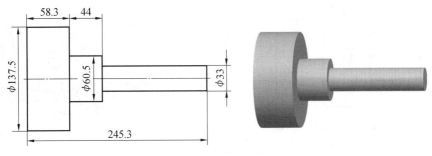

图 2.49 台阶轴零件图

50. 齿轮

齿轮零件图如图2.50所示,材料为45钢,模数 M 为3,齿数 Z 为79。

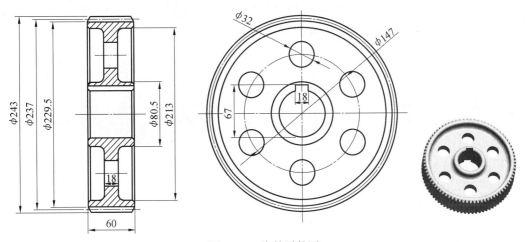

图 2.50 齿轮零件图

51. 台阶轴

台阶轴零件图如图2.51所示,材料为40CrNi,未注倒角为 3 mm × 45°。圆柱面粗糙度 Ra 的上限值为1.6 μm,端面粗糙度 Ra 的上限值为3.2 μm。

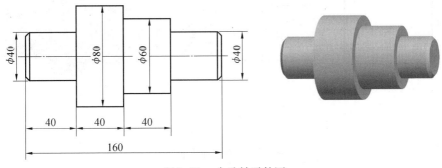

图 2.51 台阶轴零件图

52. 台阶轴

台阶轴零件图如图2.52所示,材料为20CrMnVB,未注倒角为2 mm×45°。圆柱面粗糙度 Ra 的上限值为1.6 μm,端面粗糙度 Ra 的上限值为6.3 μm。

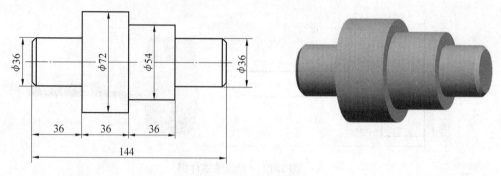

图2.52　台阶轴零件图

53. 台阶轴

台阶轴零件图如图2.53所示,材料为20CrMnTi,未注倒角为3 mm×45°。圆柱面粗糙度 Ra 的上限值为1.6 μm,端面粗糙度 Ra 的上限值为6.3 μm。

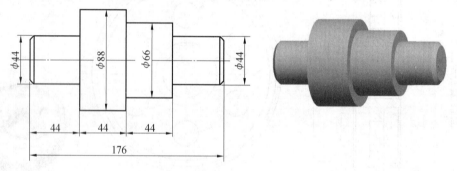

图2.53　台阶轴零件图

54. 惰轮轴

惰轮轴热锻件图如图2.54所示,材料为45钢,未注脱模斜度为7°,未注圆角半径 R 为2 mm。

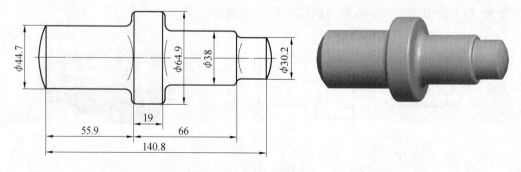

图2.54　惰轮轴热锻件图

55. 惰轮轴

惰轮轴热锻件图如图 2.55 所示,材料为 20Cr 钢,未注脱模斜度为 7°,未注凸圆角半径 R 为 2 mm。

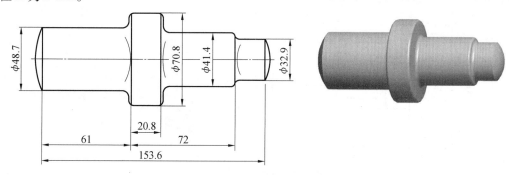

图 2.55　惰轮轴热锻件图

56. 齿轮

齿轮冷锻件图如图 2.56 所示,材料 35SiMn,未注脱模斜度为 7°,未注圆角半径 R 为 2 mm。

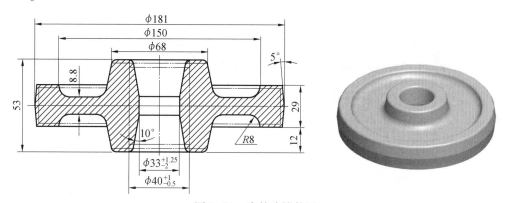

图 2.56　齿轮冷锻件图

57. 拨叉

拨叉热锻件图如图 2.57 所示,材料为 45 钢,未注脱模斜度为 7°,未注圆角半径 R 为 2 mm。

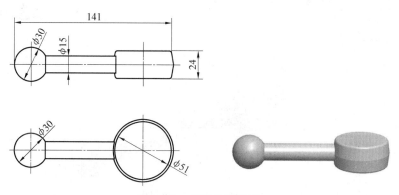

图 2.57　拨叉热锻件图

58. 台阶轴

台阶轴零件图如图 2.58 所示，材料为 45 钢，圆柱面粗糙度 Ra 的上限值为 1.6 μm，端面粗糙度 Ra 的上限值为 3.2 μm。

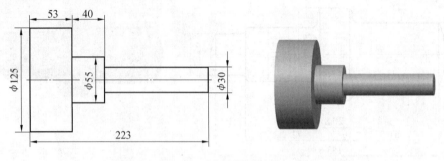

图 2.58　台阶轴零件图

59. 连杆

连杆热锻件图如图 2.59 所示，材料为 40Cr，锻件质量约为 7.29 kg，未注脱模斜度为 7°，未注圆角半径 R 为 $R2$ mm。

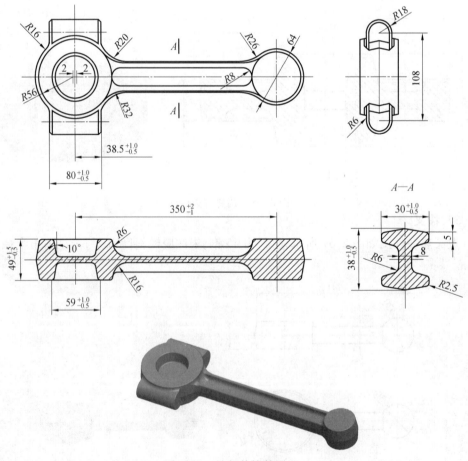

图 2.59　连杆热锻件图

60. 轴套

轴套零件图如图 2.60 所示,材料为 45 钢,大批量生产。

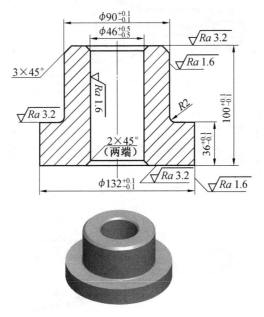

图 2.60　轴套零件图

61. 短柄叉

短柄叉锻件图如图 2.61 所示,材料为 45 钢。未注脱模斜度为 7°,未注圆角半径 R 为 2 mm。

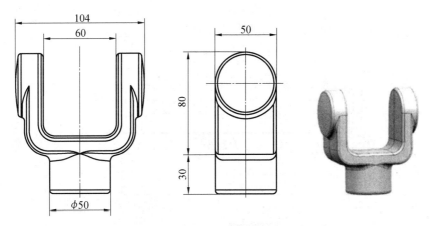

图 2.61　短柄叉锻件图

62. 拨叉

拨叉锻件图如图 2.62 所示,材料为 45 钢,未注脱模斜度为 7°,未注圆角半径 R 为 2 mm。

图 2.62 拨叉锻件图

63. 齿轮

齿轮零件图如图 2.63 所示，材料为 40Cr。

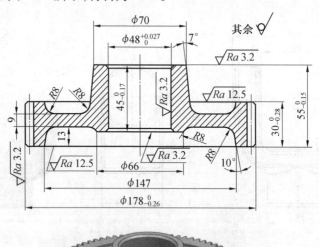

图 2.63 齿轮零件图

64. 摇臂

摇臂零件图如图 2.64 所示,材料为 40MnB,小端上、下端面粗糙度 Ra 的上限值为 0.8 μm,大端上、下端面及两个内孔表面粗糙度 Ra 的上限值均为 3.2 μm,其余为非机加工面。

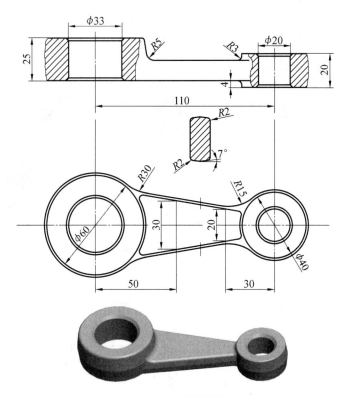

图 2.64　摇臂零件图

65. 摩托车连杆

摩托车连杆锻件图如图 2.65 所示,材料为 40Cr,未注圆角半径 R 为 2 mm,未注模锻斜度为 7°,非加工面应圆滑过渡,未注锻造公差按《一般公差 未注公差的线性和角度尺寸的公差 IT15 级》(GB/T 1804—2000)。

66. 连接节臂

连接节臂零件图如图 2.66 所示,材料为 45 钢,两个 φ30 mm 孔的未注倒角为 1 mm×45°,未注圆角半径 R 为 0.5 mm。该零件最终热处理规定为加工表面局部淬火、回火,硬度为 HRC42～45。

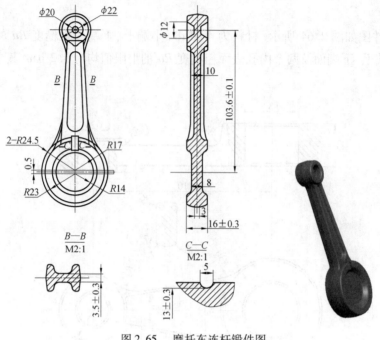

图 2.65　摩托车连杆锻件图

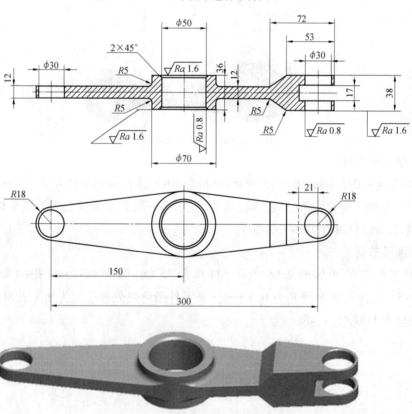

图 2.66　连接节臂零件图

第3章 锤用锻模设计

锻模是金属在热态或冷态下进行体积成形时所用模具的总称。通常锻模是按模锻设备区分的,可分为锤用锻模、热模锻压力机用锻模、螺旋压力机用锻模、平锻机用锻模、水压机用锻模、高速锤用锻模和辊锻机用锻模等。

模锻锤包括蒸汽空气模锻锤、无砧座锤、高速锤和液压模锻锤。蒸汽空气模锻锤应用最为普遍,一般简称为模锻锤。

锤上模锻在生产中的应用较广泛,其锻模分为上、下两块,用燕尾和楔铁分别固定在模锻锤的锤头和砧座上,并以锁扣导向,防止上、下模块错位,靠锤头上的上模向砧座上的下模打击使锻件成形。

锤上开式模锻时,坯料在锻模的一系列模膛中变形成为带飞边的锻件,这一过程称为模锻工序。坯料在每一模膛中的变形过程称为模锻工步。模锻工步根据其作用不同可分为制坯工步、模锻工步(预锻工步和终锻工步)和切断工步。工步的名称与所用模膛的名称一致,例如滚压工步所用模膛称为滚压模膛。

图3.1是一个锻件的模锻工步及其模膛,金属坯料要经过五个模锻工步,为此在锻模上设有相应的五个模膛。锻造时,先将坯料加热到始锻温度,再由人工将加热好的坯料移置于拔长模膛,接受锻锤打击,然后在滚压模膛中滚压,接着在弯曲模膛中弯曲,翻转90°置入预锻模膛中锻出接近锻件的形状,最后放入终锻模膛内模锻。

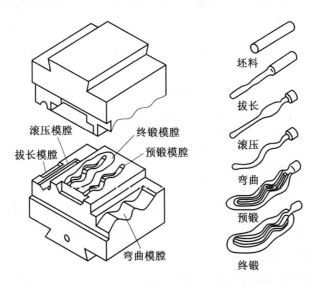

图3.1 模锻工步和模膛

在锤上模锻工艺设计完成后,进行模具设计。在《体积成形原理与方法》或其他教材与设计手册中,与锤上模锻工艺设计有关的内容都有叙述,本章仅介绍模具设计内容。

3.1 模膛设计

按模膛作用不同,锻模的模膛分为模锻模膛、制坯模膛和切断模膛。模锻模膛包括终锻模膛和预锻模膛,每个锻件都要用终锻模膛成形;预锻模膛则不一定都需要,要根据具体情况分析后决定。例如模锻时不易充满模膛和容易产生折叠的锻件常采用预锻模膛。

不同形状的锻件采用的制坯工步不同。例如长轴类锻件在锤上模锻时常用的制坯工步是拔长、滚压、弯曲和成形等,制坯工步所用的模膛分别称为拔长模膛、滚压模膛、弯曲模膛和成形模膛等。短轴类锻件常用镦粗或成形镦粗等制坯工步,其制坯工步所用的模膛分别称为镦粗台、成形镦粗模膛。

切断模膛一般开设在锻模的一角,当采用一火多件模锻时,每锻完一件,都需要使用切断模膛将锻件与棒料分离,以便继续锻造下一个锻件。

3.1.1 终锻模膛设计

终锻模膛是最后成形锻件并带有飞边槽的模膛。终锻模膛是按照热锻件图制造和检验的,模膛设计的主要内容是绘制热锻件图和确定飞边槽尺寸。

1. 热锻件图的制定和绘制

热锻件图与冷锻件图的主要区别在于尺寸的标注和加放收缩量。

(1) 尺寸标注。热锻件图上一般不标注锻件公差和技术条件,也不绘出零件的轮廓线,但注明模锻斜度和圆角半径。为便于加工和检验,常以锻模的分模面为基准标注高度方向上的尺寸。若模锻件以非平面分模,则应绘出分模线的形状,并注明尺寸。尺寸一般从转折处的交点开始标注,否则,应明显表示出尺寸的起止点。在锻件的内孔还需绘出连皮的形状并标明具体尺寸。

(2) 加放收缩量。热锻件图上的尺寸应比冷锻件图的相应尺寸适当增大,以适应金属的冷缩。理论上加放收缩率后的尺寸计算式为

$$L = l(1 + \delta) \tag{3.1}$$

式中　　L——热锻件尺寸,mm;

　　　　l——冷锻件尺寸,mm;

　　　　δ——终锻温度下金属的收缩率;钢为1.2% ~ 1.5%,不锈钢为1.5% ~ 1.8%,铝合金、铜合金为1%,镁合金及钛合金为0.8%。

在加放收缩率时还应注意如下几点:

① 无坐标中心的圆角半径不加放收缩率。

② 薄而宽或细而长的锻件,因在模具中冷却较快或打击次数多而使终锻温度较低,其收缩率应适当减小。

③ 带大头的长杆类锻件,可根据具体情况将较大的头部和较细的杆部取不同的收缩率。

④ 若终锻模膛对锻件有校正作用,应按校正温度的高低适当减小收缩率。

事实上,终锻温度难以准确控制,不同锻件的准确收缩率需要在实践中进行修正。

一般情况下,热锻件图的外形与冷锻件图完全相同。有时为保证锻件的成形质量,允许热锻件图上的个别部位与冷锻件图有所差异,例如:

① 为提高锻模寿命,对终锻模膛易磨损处可在锻件负公差范围内增加磨损量。如图 3.2 所示的齿轮轮辐部分,其模膛的相应部分容易磨损,使锻出锻件的轮辐厚度 A 增加。因此,应将热锻件图上的尺寸 A 比锻件图上的相应尺寸减小 0.5～0.8 mm。

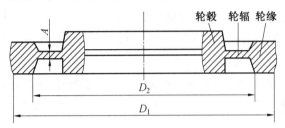

图 3.2　轮毂矮的锻件

② 锻件上形状复杂且较高的部位应尽量放在上模,在特殊情况下要将复杂且较高的部位放在下模时,由于下模局部较深处易积聚氧化皮,因此锻件在该处易压坑或"缺肉",如图 3.3 所示的曲轴,其热锻件图在曲柄端头加厚约 2 mm。

③ 如图 3.4 所示一些形状特别的锻件,在分模线两侧的形状复杂程度不同,应在热锻件图上增设定位余块,以防多次锤击过程中因转动而导致锻件报废。

④ 当锻锤吨位不足或过大时,产生欠压或压陷锻模承击面,从而造成锻模高度方向的尺寸超差。此时,应适当减小或加大热锻件图中高度尺寸,并限制其在尺寸公差范围之内。

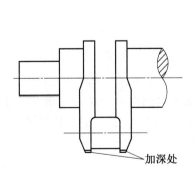
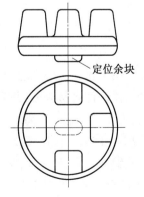

图 3.3　曲轴锻件局部加厚　　图 3.4　需增设定位余块的锻件

2. 飞边槽设计

（1）飞边槽的作用。

① 增加金属挤出模膛的阻力，迫使金属充填模膛。

② 容纳多余金属材料。

③ 飞边可以起到缓冲作用，减弱对上、下模的打击，防止模具开裂或压塌。

（2）飞边槽的结构形式（图 3.5）。

① 如图 3.5（a）所示，形式 Ⅰ 应用广，桥部在上模与坯料接触时间短，温度较低，不易产生过热和磨损。

② 如图 3.5（b）所示，形式 Ⅱ 适用于锻件上模部分形状复杂、切边需翻转 180° 或整个锻件位于下模的情形，可简化切边凸模或锻模的制造。

③ 如图 3.5（c）所示，形式 Ⅲ 的仓部较大，可容纳较多的金属，常用于形状复杂锻件、大型锻件或坯料尺寸偏大的锻件。

④ 如图 3.5（d）所示，形式 Ⅳ 设有阻力沟，可明显增加桥部的阻力，迫使金属充填复杂且深的模膛。一般仅适用于锻件的高肋、枝芽与叉口等形状复杂难以充填的局部部位。

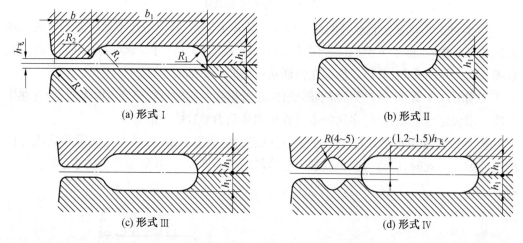

(a) 形式 Ⅰ   (b) 形式 Ⅱ

(c) 形式 Ⅲ   (d) 形式 Ⅳ

图 3.5 飞边槽形式

此外，对容纳金属为主的飞边槽，需要减小飞边阻力，可采用扩张形飞边槽；为产生更大的飞边阻力，使锻件容易成形，并节约飞边质量，可采用楔形飞边槽。

飞边槽的主要尺寸是桥口高度 $h_{飞}$、宽度 b 及入口圆角半径 R。$h_{飞}$ 增大时，阻力减小；$h_{飞}$ 减小时，则阻力增大。桥口宽度 b 增大时，阻力也增大。入口处圆角半径 R 太小，容易压塌变形，影响锻件出模；R 太大，又影响切边质量和增加切边力。

（3）飞边槽尺寸的确定方法。

设计锤上锻模的飞边槽尺寸有以下两种方法：

① 吨位法。锻件的尺寸（即锻件在分模面上的投影面积）既是选择设备吨位的依据，也是选择飞边槽尺寸的主要依据，生产中通常按设备吨位确定飞边槽尺寸，见表 3.1。

表 3.1　飞边槽尺寸　　　　　　　　　　　　　　　　　　mm

锻锤吨位 /t	$h_飞$	b	b_1	h_1	R	备注
1	1.0 ~ 1.6	8	22 ~ 25	4	1	模锻齿轮时锁扣处 $b_1 = 30$
1.5	1.6 ~ 2.0	8	25 ~ 30	4	1	
2	1.8 ~ 2.2	10	25 ~ 30	4	1.5	模锻齿轮时锁扣处 $b_1 = 40$
3	2.5 ~ 3.0	12	30 ~ 40	5	1.5	模锻齿轮时锁扣处 $b_1 = 45$
5	3.0 ~ 4.0	12 ~ 14	40 ~ 50	6	2	模锻齿轮时锁扣处 $b_1 = 55$
10	4.0 ~ 6.0	14 ~ 16	50 ~ 60	8	2.5	
16	6.0 ~ 9.0	16 ~ 18	60 ~ 80	10	3	

注:1. 选用的锻锤吨位大于实际吨位要求时,应适当减少 $h_飞$。
　　2. 选用的锻锤吨位小于实际吨位要求时,在保证充填的前提下,应适当增加 $h_飞$,以免锻不足。

② 计算法。根据锻件在分模面上的投影面积,利用经验公式(3.2)计算出桥口高度 $h_飞$,然后根据 $h_飞$ 查表 3.1 确定其他相关尺寸。

$$h_飞 = 0.015\sqrt{S} \tag{3.2}$$

式中　S——锻件在分模面上的投影面积,mm^2。

3. 钳口设计

(1) 钳口的作用。

钳口是指在锻模的模锻模膛前面加工的空腔,由夹钳口与钳口颈组成。夹钳口的作用是模锻时用来放置棒料和钳夹头,钳口颈用于加强夹钳料头与锻件之间的连接强度。在锻模制造时,以钳口作为浇注金属盐溶液或铅液的浇口,另外,钳口还可作为圆饼类锻件出模之用。

(2) 钳口的形式。

常用的钳口形式如图 3.6 所示,圆饼类锻件所用的钳口形式如图 3.7 所示,图 3.8 所示的钳口用于模锻质量比较大的锻件($m > 10$ kg)。如果预锻模膛和终锻模膛的钳口间壁厚较小($c < 15$ mm),可将两模膛的钳口开通,以便于模具加工,如图 3.9 所示。

(3) 钳口尺寸的确定。

如图 3.6 所示,钳口尺寸主要依据夹钳料头的直径及模膛壁厚等尺寸确定。应保证夹料钳能进行自由操作,在调头锻造时应能放置下锻件的相邻端部(包括飞边)。

① 普通钳口尺寸确定。参照图 3.6 并查表 3.2 和表 3.3 确定。钳口颈长度 $l \geqslant 0.5S_{min}$,钳口长度 $l_1 \geqslant S_{min}$(S_{min} 为锻模外壁最小厚度),根据模膛布置而定。当锻件质量 $m \leqslant 10$ kg 时,a、b 可按表 3.3 选取。

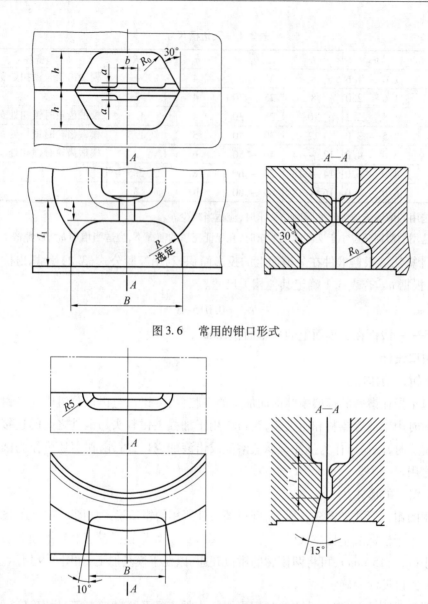

图 3.6 常用的钳口形式

图 3.7 特殊钳口

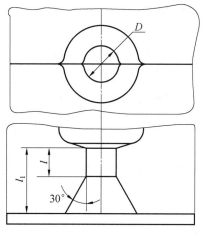

图 3.8　圆形钳口

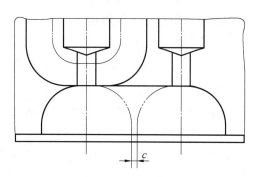

图 3.9　共用钳口

表 3.2　普通钳口尺寸　　　　　　　　　　　　　　　　　　　　　　mm

钳夹头直径 d	B	h	R_0	钳夹头直径 d	B	h	R_0
≤ 18	50	20	10	60 ~ 65	120	55	15
18 ~ 28	60	25	10	65 ~ 75	130	60	15
28 ~ 35	70	30	10	75 ~ 85	140	65	20
35 ~ 40	80	35	15	85 ~ 95	150	70	20
40 ~ 50	90	40	15	95 ~ 105	160	75	20
50 ~ 55	100	45	15	105 ~ 115	170	80	20
55 ~ 60	110	50	15				

表 3.3　普通钳口颈尺寸

锻件质量 m/kg	≤ 0.2	0.2 ~ 2	2 ~ 3.5	3.5 ~ 5	5 ~ 6.5	6.5 ~ 8	8 ~ 10
宽度 b/mm	6	8	8	10	10	12	14
高度 a/mm	1	1.5	2	2.5	3	3.5	4

② 不用夹钳料头时,钳口仅作浇盐用,则钳口宽度 $B = m + 30$ mm,式中,m 为锻件质量(单位:kg)。

③ 当锻件质量 $m > 10$ kg 时,钳口可做成圆形,如图 3.8 所示,钳口颈直径 $D = 0.2m + 10$ mm,但不大于 30 mm。

④ 图 3.7 所示的特殊钳口专为锻件脱模用,尺寸按表 3.4 选取。

表 3.4　特殊钳口宽度 B

锻锤吨位 /t	< 2	2 ~ 3	3 ~ 5	5 ~ 10	16
钳口宽度 B/mm	60	80	100	120	140

3.1.2　预锻模膛设计

1. 预锻模膛的作用

(1)制坯后的中间坯料在终锻前进一步变形,使其更加接近锻件形状,改善金属在终锻模膛中的流动条件,使金属易于充填终锻模膛,避免在锻造时产生折叠、裂纹、充填不足等缺陷。

(2) 减少终锻模膛的磨损,提高整套模具的寿命(通常能提高30%左右)。

2. 预锻模膛引起的不利影响

(1) 终锻时产生偏心打击,上下模膛容易错移,降低锻件精度。

(2) 锤杆承受偏心冲击力,工作寿命降低。

(3) 增大模块尺寸。

(4) 对于宽度较大的锻件,需在两台锤上用两副模具联合锻造,增加设备数量。

(5) 降低生产率。

可见,应根据具体情况决定是否采用预锻模膛。当锻件带有高肋、枝芽、深孔以及宽腹板等难以成形的部位时,为改善金属在终锻模膛的流动条件,通常设计预锻模膛。

3. 预锻模膛设计

预锻模膛是以终锻模膛或热锻件图为基础进行设计的,锤用锻模上预锻模膛的周边一般不设计飞边槽(热模锻压力机用锻模上预锻模膛的周边必须设计出相应的飞边槽,只是桥部的高度 $h_{飞}$ 取大一些)。在设计时要注意以下内容:

(1) 模膛的宽度与高度。

当预锻后的坯料在终锻模膛中以镦粗方式成形时(图3.10),预锻模膛的高度尺寸应比终锻模膛大 2~5 mm,宽度则比终锻模膛小 1~2 mm。另外,预锻模膛不设飞边槽,所以预锻模膛的横截面面积应比终锻模膛相应处截面大 1%~3%,或按式(3.3)计算:

$$S_{预} = S_{终} + (0.2 \sim 1)S_{飞} \tag{3.3}$$

式中　$S_{预}$——预锻模膛的横截面面积,mm^2;

　　　$S_{终}$——终锻模膛的横截面面积,mm^2;

　　　$S_{飞}$——飞边槽横截面面积,mm^2。

(2) 模锻斜度。

当预锻后的坯料在终锻模膛中以镦粗方式成形时,预锻模膛的模锻斜度与终锻模膛相同,便于模具加工,如图 3.10 所示。

当预锻后的坯料在终锻模膛中以压入方式成形时,如带高肋的锻件,其肋部由于摩擦阻力、模壁引起的垂直分力和此处金属冷却较快、变形抗力大等原因,常常产生充不满的现象。为使肋部充满,设计预锻模膛时,一般在肋部增大模膛的斜度,即 $\alpha_1 > \alpha$,如图 3.11 所示和见表 3.5。这样,预锻后的坯料终锻时,坯料和模壁间有了间隙,消除了模壁对金属的摩擦阻力和由模壁引起的向下垂直分力,使金属容易向上流动充满模膛。但由于增大了斜度,预锻模膛本身便不易被充满。为使预锻模膛也能被充满,必须增大圆角半径。但圆角半径 R_1 也不宜增加过大,因为过大不利于终锻时充满模膛,甚至终锻时可能在此处将金属啃下并压入锻件内而形成折叠,一般取 $R_1 = 1.2R + 3$ mm,如图 3.11 所示。

如果难充填部分的 h 较大,B 较小,预锻模膛的脱模斜度不宜过大,否则预锻后 B_1 很小,冷却快,终锻时反而不易充满模膛。

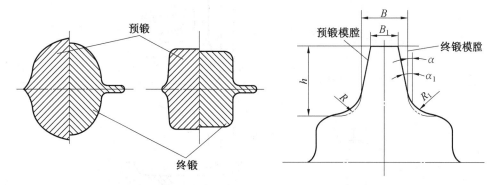

图 3.10　预锻形状与终锻形状的差别　　图 3.11　高肋锻件的预锻模膛

表 3.5　模锻斜度

终锻模膛 α	3°	5°	7°	10°	12°
预锻模膛 α_1	5°	7°	10°	12°	15°

（3）圆角半径。

预锻模膛各处圆角半径应比终锻模膛的大些,其目的是减少金属流动阻力,有利于肋部预锻成形,防止产生折叠。其凸圆角半径 R_1（图 3.11）计算式为

$$R_1 = 1.2R + 3 \text{ mm} \tag{3.4}$$

式中　R——终锻模膛相应部位上的圆角半径,mm。

若锻件的截面尺寸突然变化,为使坯料变形逐渐过渡,避免产生折叠,拐角处的圆角半径应适当放大,如图 3.12 所示。

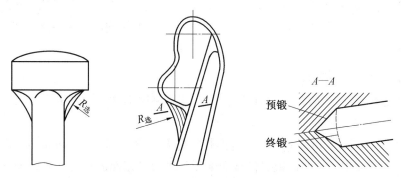

图 3.12　预锻模膛水平面上拐角处的圆角形式

（4）有枝芽的锻件。

当锻件在平面投影图上有分枝时,若分枝只是高度较小的突出部分,在终锻时充满并不困难,在预锻时可以简化或不锻出（图 3.13(a)）,以免终锻时在此处产生折叠;如分枝较长,为便于金属流向枝芽处,可适当增大圆角半径,简化预锻模膛的枝芽形状,必要时可在分模面上增设阻力沟,增大预锻时金属流向飞边槽的阻力（图3.13(b)）。

（5）具有叉形部分的锻件。

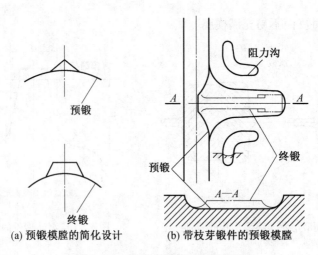

(a) 预锻模膛的简化设计　　(b) 带枝芽锻件的预锻模膛

图 3.13　带枝芽锻件的预锻模膛

锻件的叉形部分成形是通过设置在预锻模中的劈料台,把金属劈开挤向两侧,并流向叉部模膛。劈料台如图 3.14 所示。图 3.14(a) 所示形式适用于一般情况;图 3.14(b) 所示形式适用于较窄的叉部或 $\alpha > 45°$ 时采用。相关尺寸计算式为

$$A = 0.25B \quad (8 < A < 30) \tag{3.5}$$

$$h = (0.4 \sim 0.7)H \quad (\alpha = 10° \sim 45°) \tag{3.6}$$

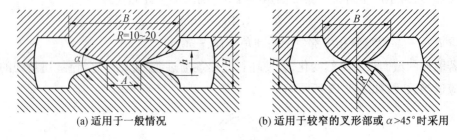

(a) 适用于一般情况　　(b) 适用于较窄的叉形部或 $\alpha > 45°$ 时采用

图 3.14　劈料台

(6) 带工字形截面的锻件。

如各种连杆锻件,为防止终锻时产生折叠,要根据肋的相对高度采用适当的预成形方法。

① 当 $h \leq 2b$(图 3.15(a)) 时,预锻模膛宽度 $B' = B - (2 \sim 3)$ mm。高度 h' 根据预锻模膛的横截面面积等于终锻模膛横截面面积与飞边横截面面积之和来计算,即

$$S_{预} + S_{欠} = S_{终} + 2S_{飞} \tag{3.7}$$

$$B'h' + B'h_{欠} = S_{终} + 2S_{飞} \tag{3.8}$$

$$h' = \frac{S_{终} + 2S_{飞}}{B'} - h_{欠} \tag{3.9}$$

式中　$S_{预}$——预锻模膛横截面面积,mm²;

　　　$S_{欠}$——由于欠压而造成预锻件横截面面积增大的部分,mm²;

　　　$S_{终}$——终锻模膛横截面面积,mm²;

$S_飞$ —— 飞边单边横截面面积，mm²；

$h_欠$ —— 欠压量，mm，与锻锤吨位有关，一般取 1 ~ 5 mm。

② 当 $h > 2b$（图 3.15(b)）时，取 $B' = B - (1 ~ 2)$ mm。高度 h' 的确定方法是先假设预锻模膛为梯形截面，求出 H'，然后按 $x = (H - H')/4$ 求解，又 $h' = H' + 2x$。通过 x 作圆弧并使截面积 $S_1 = S_2$，从而得到预锻模膛的形状。

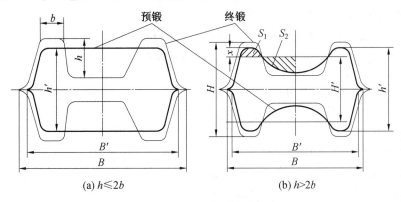

图 3.15　工字形截面的预锻模膛

③ 当工字形截面两肋之间的距离很大时，极易发生折叠，为使中间部分的金属在终锻时变形量更小，则应预先锻成如图 3.16 所示的形状，考虑到预锻时打不靠，使面积 S_2 等于或略大于面积 S_1。

④ 图 3.17 为一种特殊的设计方法，预锻模膛采用舌形截面，预锻模膛舌形截面的宽度大于终锻模膛工字形截面的宽度，设计时取 $B' = B + (10 ~ 20)$ mm。增大 B' 的目的是使终锻时先形成飞边，以防止金属外流，从而防止在锻件肋根部产生穿流，并迫使金属以挤入的方式充填满肋部。H' 是通过宽度 B' 的两端点作圆弧 $R_选$，使截面积 $S_2 = (1.0 ~ 1.1)S_1$ 来确定。

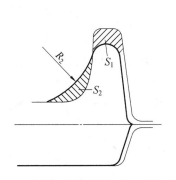
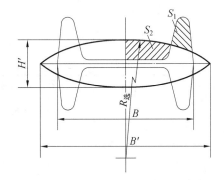

图 3.16　工字形截面肋间距离较大时的预锻模膛　　图 3.17　舌形截面预锻模膛

3.1.3　制坯模膛设计

各种制坯工步都要通过相应的模膛完成，因此，在确定模锻工序的工步方案后，需要设计相应的制坯模膛。

1. 镦粗台和压扁台设计

镦粗台的作用是增加毛坯直径,减小其高度,使镦粗后的坯料在终锻模膛内能覆盖一定的凸部与凹槽,以适应终锻模膛对中间坯料尺寸上的要求,避免产生折叠或充不满等缺陷;去除加热后毛坯氧化皮,提高锻件的表面质量,提高终锻模膛的寿命,适应于短轴类或盘类(如齿轮等)锻件。

镦粗台一般设置在锻模分模面的左前角,如图3.18(a)所示,平台边缘均倒角。根据锻件的形状、尺寸确定镦粗后的坯料直径 $D_{镦}$,再依据 $D_{镦}$ 和坯料体积确定镦粗台高度。

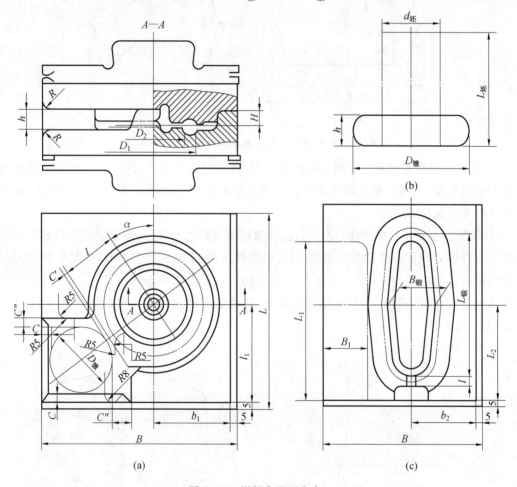

图 3.18 镦粗台及压扁台

镦粗台高度 h(图3.18(b))计算式为

$$h = \frac{V_{坯}}{\dfrac{\pi D_{镦}^2}{4}} \tag{3.10}$$

式中　$V_{坯}$——原毛坯体积,mm^3;

$D_{镦}$—— 镦粗后毛坯直径,mm。

镦粗台相关尺寸:边缘距离 $C = 10 \sim 15$ mm,模膛间距 $C' = 5 \sim 10$ mm,至右侧及后边的距离 $C'' = 15 \sim 20$ mm,边缘圆角 $R = 8 \sim 10$ mm。

压扁台的作用与镦粗台类似,是用来将坯料压扁以增大其宽度,使压扁后的坯料在终锻变形前能将终锻模膛覆盖,防止产生折叠和其他缺陷,减少废品,以提高模具的寿命。主要适用于直长轴和较为扁宽的锻件。

压扁台一般安排在锻模的左边,毛坯轴线与分模面平行放置。压扁台可占用部分飞边槽仓部,以节省锻模材料,此时,应将飞边槽仓部制成过渡斜面,防止折叠的产生。设计时根据锻件的形状与尺寸特点,确定原毛坯的尺寸及压扁后的坯料尺寸,进而确定压扁台的尺寸(图 3.18(c))。

压扁台的长度 $L_1 = L_压 + 40$ mm,宽度 $B_1 = B_压 + 20$ mm。其中,$L_压$ 为压扁后的坯料长度;$B_压$ 为压扁后的坯料宽度。

2. 拔长模膛

拔长模膛用来减小毛坯的截面积,增加其长度,起分配锻件材料的作用;同时还可以清除氧化皮。通常拔长模膛设置在模块的旁边位置上,由钳口、拔长平台和空腔三部分组成。

(1) 拔长模膛的结构形式。

根据模膛横截面形状的不同,拔长模膛分为开式和闭式两种;根据模块上排列方式的不同,拔长模膛分为直排和斜排两种形式。

① 开式模膛的拔长坎横截面形状为矩形(图 3.19(a)),一侧边缘开通,这种形式结构简单,制造方便,应用广泛,但拔长效率较低。

② 闭式模膛的拔长坎横截面形状呈椭圆形,边缘封闭(图 3.19(b))。这种形式的拔长效率较高,且毛坯表面光滑,但对操作要求较高,要求把坯料准确地放置在模膛中,否则坯料易弯曲,一般用于 $L_杆/a_杆 > 15$ 的细长锻件。其中 $L_杆$ 为拔长部分的长度(包括小头),$a_杆$ 为拔长部分的厚度。

③ 直排式拔长模膛中心线与模块燕尾中心线平行(图 3.19),其优点是可以控制拔长尺寸和避免坯料弯曲,应用较广。

④ 斜排式拔长模膛中心线与燕尾中心线呈一定的夹角 α(图 3.20),一般在分模面的前左侧,其优点是有利于增加锻模的承击面,但对拔长后的坯料长度不易控制,适用于较长的锻件或模膛数量较多、排布较紧的锻模。

(2) 拔长模膛设计。

拔长模膛是以计算毛坯为依据进行设计的。

① 拔长坎的高度 a,如果锻件杆部截面积变化不大,仅需拔长制坯工步时,高度 a 按计算毛坯上杆部的最小直径 d_{min} 确定:

$$a = K_1 d_{min} \quad (mm)$$

如果锻件杆部截面变化较大,不仅需要拔长还需要滚压制坯时,拔长坎高 a 按计算毛坯杆部的平均截面积确定:

$$a = K_2 \sqrt{\frac{V_{杆}}{L_{杆}}} \quad (\text{mm}) \tag{3.11}$$

式中　$V_{杆}$——计算毛坯杆部体积,mm^3;
　　　$L_{杆}$——计算毛坯杆部长度,mm;
　　　$d_{\min}$——计算毛坯杆部最小处直径,mm;
　　　K_1、K_2——系数,与计算毛坯杆部长度有关(表 3.6)。

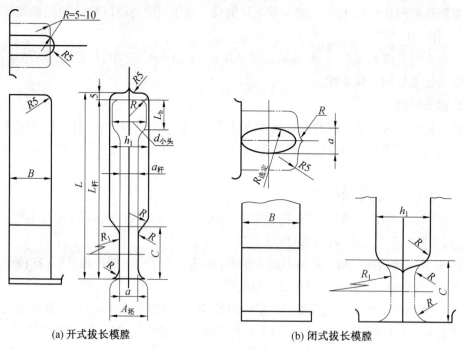

图 3.19　拔长模膛

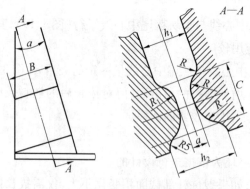

图 3.20　斜排式拔长模膛

表 3.6 系数 K_1、K_2

$L_{杆}$/mm	< 200	200 ~ 500	> 500
K_1	0.8	0.75	0.7
K_2	0.9	0.85	0.8

② 拔长坎长度 C。

$$C = K_3 d_{坯} \tag{3.12}$$

式中　　$d_{坯}$——毛坯直径，mm；

　　　　K_3——系数，根据待拔长部分长度 $L_{坯}$ 与毛坯直径 $d_{坯}$ 的比值，按表 3.7 选取。

表 3.7 系数 K_3

$L_{坯}/d_{坯}$	1.2 ~ 1.5	1.5 ~ 3	3 ~ 4
K_3	1.1	1.3	1.5

③ 拔长模膛宽度 B。根据毛坯直径 $d_{坯}$ 确定 B：

$$B = K_4 d_{坯} \tag{3.13}$$

式中　　K_4——系数，按表 3.8 选取，直排时取较大值，斜排时取较小值。

表 3.8 系数 K_4

$d_{坯}$/mm	< 40	40 ~ 80	> 80
K_4	1.7 ~ 2.0	1.5 ~ 1.7	1.3 ~ 1.5

当 B 的计算值小于 45 mm 时，按 45 mm 选取。

④ 半径 R 与 R_1。

$$R = 0.25C \tag{3.14}$$

$$R_1 = 2.5C = 10R \tag{3.15}$$

⑤ 拔长模膛深度 h_1 和 h_2。被拔长杆部无小头时：

$$h_1 = 2a_{杆} \tag{3.16}$$

被拔长杆部有小头时：

$$h_1 = 1.2 d_{小头} \tag{3.17}$$

$$h_2 = d_{坯} + 10 \text{ mm} \tag{3.18}$$

⑥ 模膛长度 L。

$$L = L_{杆} + (5 \sim 10) \text{mm} \tag{3.19}$$

⑦ 模膛斜度。模膛斜度应根据模膛间相互位置确定，以毛坯拔长时不碰锻锤机架为前提，通常可取 10°、12°、15°、18°、20°。

(3) 拔长台设计。

对于毛坯被拔长部分的原始长度 $L_{始} < 1.2 d_{坯}$ 或小于拔长坎的长度 C，以及拔长阶梯式毛坯时，拔长较困难，采用一般拔长模膛拔长无法实现时，常采用图 3.21 所示的拔长台进行拔长。

拔长台是拔长模膛的特殊形式，拔长台的长度 $L = L_{杆} + 10$ mm，宽度 $B =$

$(1.4 \sim 1.6)d_{坯}$。

圆角 R 按表 3.9 选取。

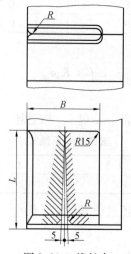

图 3.21　拔长台

表 3.9　拔长台圆角 R

$d_{坯}$/mm	< 30	30 ~ 60	60 ~ 100	> 100
R/mm	10	15	20	25

3. 滚压模膛

滚压模膛的作用是减少毛坯局部截面积,增大另一部分截面积,使毛坯沿轴向的体积分配尽可能符合锻件计算毛坯的尺寸和形状要求,同时滚光毛坯表面,去除氧化皮。滚压模膛由钳口、模膛本体和毛刺槽三部分组成,如图 3.22 所示。钳口不仅容纳夹钳,同时也卡细毛坯,减少料头消耗。毛刺槽容纳滚压时产生的端部毛刺。

进行滚压操作时,将毛坯放在滚压模膛内进行锤击。首先杆部的高度减少,宽度增加,部分金属流入头部。由于钳口的阻止作用,头部坯料加粗,坯料的总长稍有增加。杆部接触区较长且两端又都受到阻碍,沿轴向流动受到的阻力较大,故每次锤击后,大量金属横向流动,增加了坯料的宽度,仅有小部分金属流入头部。为得到所要求的坯料尺寸,每次锤击后,绕轴线翻转 90°再进行锤击,并反复进行,直到接近计算毛坯图的尺寸为止。

滚压次数越多,越接近计算毛坯的尺寸,但是滚压次数过多不仅降低生产率,坯料温度也要降低,使终锻时所需要的变形力(功)显著增加。因此在保证坯料质量的前提下,应尽可能减少滚压次数。滚压成形的关键是每次滚压时都应尽可能使多的金属由杆部流入头部。

(1) 滚压模膛的横截面面积。

图 3.23 是滚压模膛常用的两种横截面形状。图 3.23(a) 所示的模膛横截面为椭圆,边缘是封闭的,借助于侧壁阻力的作用,有利于金属做轴向流动,其优点是效率高,滚压后坯料的表面比较光滑。缺点是该种截面的模膛用一般机床加工比较复杂。图 3.23(b) 所

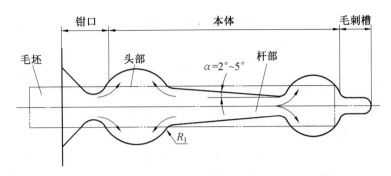

图 3.22 滚压模膛

示的模膛横截面为矩形,侧面是开通的,其优点是加工较简单,但滚压效率较低,滚压的坯料表面质量也较低。当由坯料杆部排出金属较多时,应采用闭式的结构;或杆部采用闭式,头部采用开式,即混合类型滚压模膛。

(2) 滚压模膛的高度。

在杆部,模膛的高度应比计算毛坯相应部分的直径小一些。这样每次压下量可以大一些,由杆部排入头部的金属可以多一些。虽然滚压到最后的坯料断面不是圆形,但只要截面积相等即可。

闭式滚压模膛杆部高度,采用下列计算方法确定。

① 滚压后的坯料截面积 $S_{滚}$ 等于计算毛坯图相应部分的截面积 $S_{计}$,即

$$S_{滚} = S_{计} \tag{3.20}$$

② 滚压后坯料椭圆截面的长径(B)是短径(h)的 1.5 倍,如图 3.24 所示。

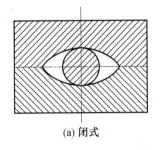

(a) 闭式 (b) 开式

图 3.23 滚压模膛的横截面形状

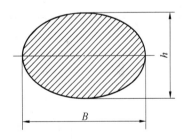

图 3.24 滚压模膛杆部高度

$$\frac{B}{h} = \frac{3}{2} \tag{3.21}$$

$$S_{滚} = \pi \frac{B}{2} \frac{h}{2} = S_{计} \tag{3.22}$$

以上两式简化可求得杆部高度:

$$h = 0.922\sqrt{S_{计}} \tag{3.23}$$

在模锻锤上滚压时,上下模一般打不靠,故实际采用的模膛高度比计算模膛高度小一些,一般取

$$h = (0.8 \sim 0.9)\sqrt{S_{计}} \tag{3.24}$$

或

$$h = (0.7 \sim 0.8)d_{计} \tag{3.25}$$

对于开式滚压,由于截面近似矩形,故推导出开式滚压模膛杆部高度

$$h = (0.72 \sim 0.79)d_{计}$$

生产实践中一般取

$$h = (0.65 \sim 0.75)d_{计}$$

在头部,为有助于金属聚集,模膛的高度应等于或略大于计算毛坯图相应部分直径。

即

$$h = (1 \sim 1.05)d_{计} \tag{3.26}$$

当头部靠近钳口时,可能要有一部分金属由钳口流出,此时系数取1.05。

头部与杆部交点处(拐点)的模膛高度可与计算毛坯图相应处的直径近似相等。

(3)滚压模膛的纵截面形状。

为有助于杆部金属流入头部,一般杆部设计为2°~5°的斜度。在杆部与头部的过渡处,应做成适当的圆角。

滚压模膛各部分的宽度对金属的轴向流动也有影响,宽度越小越有利于金属的轴向流动。但宽度太小,滚挤时金属会流到模膛之外,形成毛边,翻转90°再压时形成折叠。

滚压模膛的宽度 B 与滚压前毛坯的情况、滚压模膛各部分的高度以及模膛形式等有关,可按表3.10列出的公式计算后选定。

表3.10 滚压模膛宽度 B mm

毛坯形式、模膛形式	闭式模膛	开式模膛
原毛坯	$B = 1.15S_{坯}/h_{min}$ 但 B 值 $1.1d_{max} < B < 1.7d_{坯}(1.9a_{坯})$	$B = S_{坯}/h_{min} + 10\ \text{mm}$ 但 B 值 $d_{max} < B < 1.5d_{坯}(1.7a_{坯})$
经过拔长的毛坯	$B = (1.4 \sim 1.6)d_{坯}$ 但 B 值 $B > 1.1d_{max}; B > 1.25S_{杆均}/h_{min}$	$B = (1.4 \sim 1.6)d_{坯}$ 但 B 值 $B > d_{max} + 10\ \text{mm}; B > S_{杆均}/h_{min} + 10\ \text{mm}$
变宽度模膛	杆部 $B_{杆} = 1.25S_{杆均}/h_{min}$ 头部 $B_{头} = 1.1d_{max}$	

注:$S_{坯}$——坯料横截面面积,mm^2;

　　h_{min}——滚压模膛最小高度,mm;

　　d_{max}——锻件计算毛坯最大直径,mm;

　　$d_{坯}$——坯料直径,mm;

　　$a_{坯}$——方形坯料边长,mm;

$S_{杆均}$—— 计算毛坯杆部平均截面积,mm^2;
$B_{杆}$—— 相应于锻件杆部的模膛宽度,mm;
$B_{头}$—— 相应于锻件头部的模膛宽度,mm。

滚压模膛的长度应根据热锻件长度 $L_{锻}$ 确定。轴类件的形状不同,其设计也不同。

对于直轴件

$$L = L_{锻} + (1 \sim 3)\ \text{mm} \tag{3.27}$$

对于弯曲件,如弯曲时无拉伸现象,则模膛长度 L 按锻件内侧 1/3 宽度处的连线的展开长度计算,弯曲时头部可能被压扁,故模膛头部尺寸应往杆部方向增大,如图3.25(a)所示。

弯曲时拉伸现象严重,如曲轴的锻造,模膛长度应按锻件水平投影长度 L 确定,由于计算毛坯的长度偏短,L 应适当增加,如图3.25(b)所示。

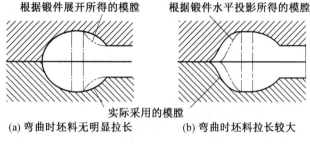

(a) 弯曲时坯料无明显拉长　　(b) 弯曲时坯料拉长较大

图 3.25　滚压模膛

滚压模膛按结构形式分为以下几种:

① 如图 3.26(a) 所示为开式滚压模膛,其横截面呈矩形,一侧面开通。这种模膛制造方便,适用于截面变化不大的轴类锻件。但其聚料效率低,故生产上不常用。

② 闭式滚压模膛如图 3.26(b) 所示,模膛截面呈椭圆形,两侧封闭。该滚压模膛的聚料效果好,但制造较复杂。通常在锻件轴向截面变化较大时采用。

③ 混合式滚压模膛的杆部为闭式,头部为开式(图 3.26(c))。滚压效果好,便于成形时的定位。通常用于头部有孔或叉形锻件。

④ 非对称滚压模膛的上、下模膛深度不等,如图 3.26(d) 所示,具有滚压模膛和成形模膛的作用,适用于 $h'/h < 1.5$ 的非对称轴类锻件。

⑤ 不等宽闭式滚压模膛的头部较宽,杆部较窄,有利于杆部材料的流动。当 $B_{头}/B_{杆} > 1.5$ 时采用(图 3.26(e))。

(4) 钳口与毛刺槽尺寸(图 3.27)

钳口处:

$$n = 0.2 d_{坯} + 6\ \text{mm} \tag{3.28}$$
$$m = (1 \sim 2) n \tag{3.29}$$
$$R = 0.1 d_{坯} + 6\ \text{mm} \tag{3.30}$$

式中　$d_{坯}$—— 原始坯料直径。

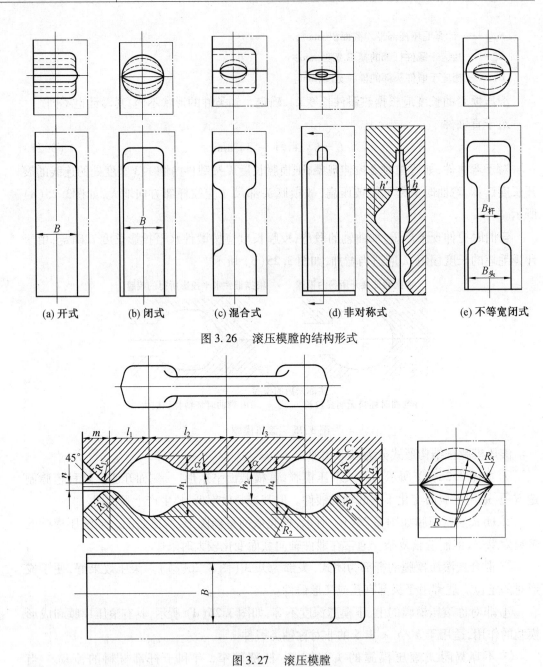

(a) 开式　　(b) 闭式　　(c) 混合式　　(d) 非对称式　　(e) 不等宽闭式

图 3.26　滚压模膛的结构形式

图 3.27　滚压模膛

模尾部毛刺槽起到容纳毛坯端部残留毛刺的作用,其尺寸按表 3.11 确定。

表 3.11　模尾部毛刺槽的尺寸　　　　　　　　　　　　　　mm

模具结构	$d_{坯}$	a	C	R_3
无切刀	< 30	4	20	5
	30 ~ 60	6	25	5
	60 ~ 100	8	30	10
	> 100	10	35	10
有切刀	< 30	6	25	5
	≥ 30	8	30	5

（5）闭式滚压模膛截面形状。

闭式滚压模膛有圆弧形和菱形两种形式的横截面（图 3.28）。经圆弧形截面模膛滚压后的毛坯表面质量好，毛坯直径小于 80 mm 时，杆部宜用圆弧形模膛，圆弧线通过模膛宽度 B 和高度 h 作图得出；菱形截面模膛的滚压效果良好，但滚压后毛坯表面质量不如采用圆弧形截面模膛，通常毛坯直径大于 80 mm 时，杆部可采用菱形模膛，菱形截面通过以直线代替圆弧线由圆弧简化而来。至于头部，均应采用圆弧形截面模膛。

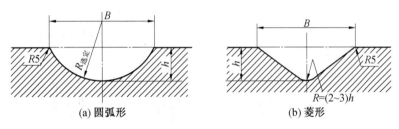

(a) 圆弧形　　　　　(b) 菱形

图 3.28　闭式滚压模膛的截面形式

（6）滚压模膛的基本绘制方法（图 3.29）。

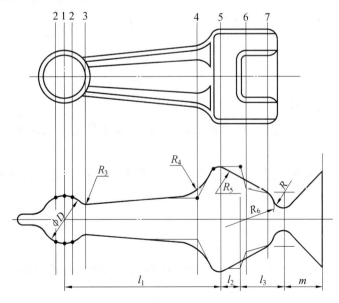

图 3.29　滚压模膛的绘制

首先,按照计算毛坯的特定截面,计算模膛各处高度 h 和宽度 B,并将 h 在模膛纵剖面上标注。

其次,以适当圆弧或直线连接各点,画出滚压模膛纵剖面,应加大截面突变处圆弧且保证过渡圆滑。

当计算毛坯的杆部呈水平状时,为便于金属向头部的流动,模膛应制出 2°~5° 的斜度。

其余尺寸确定如前所述。

4. 卡压模膛

卡压模膛也称压肩模膛(图 3.30),其作用是稍减小毛坯高度而增大宽度,并使锻件头部得到少量聚料。坯料在卡压模膛中只锤击一次,不进行翻转,送入终(预)锻模膛时也不翻转。当锻件各截面面积变化不大,但毛坯外形又需要在某些部位增大宽度时,可采用卡压模膛来防止成形时折叠的产生;或者需稍增加锻件某些部位毛坯的高度,为便于较深模膛的充填,可采用卡压模膛。

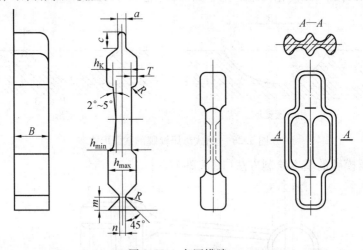

图 3.30 卡压模膛

(1) 卡压模膛的结构。

卡压模膛分为开式和闭式两种形式,为便于制造,通常使用开式模膛。

(2) 卡压模膛设计。

卡压模膛的设计与滚压模膛相同,即按照计算毛坯的直径图来确定模膛各部分尺寸。

① 模膛高度 h。

$$h = K_1 \sqrt{S_{计}} \tag{3.31}$$

式中 K_1—— 经验系数,一般根据毛坯直径、坯料截面面积和计算截面积,按表 3.12 选取。

表 3.12　系数 K_1

$d_{坯}$/mm	$S_{计} < S_{坯}$	$S_{计} > S_{坯}$
< 30	0.8	1.13
30 ~ 60	0.75	1.15
> 60	0.7	1.2

② 模膛宽度 B 应小于毛坯直径 $d_{坯}$ 的 1.5 倍,计算式为

$$B = \frac{S_{坯}}{h_{\min}} + (5 \sim 10)\ \text{mm} \tag{3.32}$$

式中　　$S_{坯}$——毛坯截面面积,mm^2;

　　　　$h_{\min}$——模膛的最小高度,mm。

③ 模膛其他尺寸。

$$R = 0.2d_{坯} + 5\ \text{mm};\quad n = (0.2 \sim 0.3)d_{坯};\quad m = (1 \sim 2)n$$

$$a = 0.1d_{坯} + 3\ \text{mm};\quad c = 0.3d_{坯} + 15\ \text{mm}$$

5. 成形模膛

成形模膛的作用是使坯料获得与锻件分模面上投影近似的形状,同时还有一定的聚料作用。毛坯在模膛中不翻转,坯料经成形制坯后,需翻转 90° 放入终(预)锻模膛内。适用于截面变化不大、弯曲程度较小的锻件。

(1) 成形模膛结构形式。

成形模膛通常为开式模膛,但它分为对称式和非对称式两种形式(图 3.31)。

对称式模膛适用于在分模面上形状对称的锻件;非对称式模膛适用于在分模面上形状不对称的锻件。

(2) 成形模膛设计。

成形模膛设计时,应根据热锻件在分模面上的外形(水平面投影)设计成形模膛的纵截面形状与尺寸。

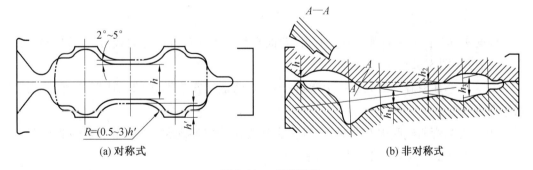

图 3.31　成形模膛

① 模膛高度 h。成形模膛高度 h 应比热锻件在分模面上的外形尺寸小,以便成形后的毛坯能顺利放入终(预)锻模膛,并以镦粗的方式成形。

头部
$$h = b_{锻} - (2 \sim 4) \text{ mm}$$

杆部
$$h = b_{锻} - (6 \sim 10) \text{ mm}$$

式中　$b_{锻}$——热锻件在分模面上的宽度。

杆部与头部过渡处应制成 2°～5° 的斜度,以利于金属流动。

② 模膛宽度 B。

$$B = \frac{S_{坯}}{h_{\min}} + (10 \sim 20) \text{ mm} \tag{3.33}$$

式中　$S_{坯}$——待成形毛坯横截面面积,mm^2;

$h_{\min}$——模膛的最小高度,mm。

③ 钳口与尾部小端尺寸的确定方法与滚压模膛相同。

④ 非对称形锻件成形模膛设计注意事项如下:

a. 分模面的选择,应保证放件方便、取件容易。

b. 截面剧烈变化处,应简化形状,以大圆弧过渡,并制成月牙形沟槽,防毛坯成形时的窜动。

c. 在锻件水平面投影的基础上,以制图方法绘出模膛轮廓线,局部轮廓线允许超出锻件轮廓线。

d. 一模多件模锻时,成形模膛的间距 C 应与终锻模膛的间距相等。当 $C > 12$ mm 时应制成细颈,细颈高度 $h_1 = (0.5 \sim 0.7)b$;当 $C < 12$ mm 时,应以较大圆弧 R 连接。

6. 弯曲模膛

弯曲模膛的作用与成形模膛类似,即用来使坯料获得与锻模模膛在分模面上形状相似的中间毛坯。它的变形程度较成形模膛大得多,但无聚料作用,放入模锻模膛时需要翻转 90°。

(1) 弯曲模膛结构。

根据实际弯曲时坯料被拉伸的程度,弯曲模膛的形式有自由弯曲式(图 3.32(a))和夹紧弯曲式(图 3.32(b))两种。

① 自由弯曲模膛一般只有一个弯角,坯料在弯曲时没有明显的拉伸现象,它适用于圆浑弯曲的锻件。

② 在夹紧弯曲模膛中弯曲时,坯料有非常明显的拉伸现象,它适用于多拐曲轴等具有多个弯曲且又为急突弯曲形状的锻件。

(2) 弯曲模膛设计。

通常根据终锻模膛在分模面上的形状和尺寸设计弯曲模膛。

① 模膛高度 h 应比热锻件分模面上的尺寸略为减小,以便弯曲后的坯料能顺利放入终锻模膛,并以镦粗形式成形。

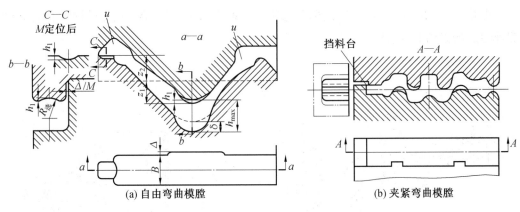

图 3.32　弯曲模膛

$$h = b_{锻} - (2 \sim 10)\text{ mm} \quad \text{或} \quad h = (0.8 \sim 0.9)b_{锻}\text{ mm} \tag{3.34}$$

式中　$b_{锻}$——热锻件在分模面上相应位置的宽度,mm。

若模膛较深处因堆积氧化皮多而影响坯料弯曲后的尺寸时,h 可不受上述公式限制适当增大。

② 弯曲模膛宽度 B 的确定方法。宽度 B 的确定方法与成形模膛相同。

③ 模膛凸部侧面间隙 Δ。与锻锤吨位有关,通常取 $3 \sim 9$ mm,大吨位时,Δ 取大值;反之,取小值。Δ 可防止模具相碰撞。

④ 弯曲模膛设计注意事项。

a. 为避免终锻时产生折叠,弯曲模膛在急弯处应制成较大的圆角,但应保证模膛的充满,且需有最小飞边值。

b. 弯曲模膛下模应有两个支承点来支持压弯前的坯料,这两个支承点的高度应使坯料呈水平位置。

c. 模膛在坯料长度方向上应定位可靠。若弯曲原坯料时,应在弯曲模膛的末端做出定位台,对已经滚压过的坯料,可直接利用钳口颈部定位。

d. 为避免坯料放偏或在弯曲时产生窜动,弯曲模膛的凸出部分应做出横向弧形凹槽(见图 3.32 中的 b—b 截面),凹槽的深度 $h_1 = (0.1 \sim 0.2)h$。

e. 为保证弯曲模膛突出部分的强度,设计时应使上下模突出分模面的高度大致相等($z_1 \approx z_2$),这样上下模的加工量基本相同。

7. 切断模膛设计

切断模膛通常用于一棒多件的模锻,每锻成一件,便在模膛内切下一件,以便后续锻造的进行。

(1) 切断模膛的结构。

根据模膛位置安排的不同,分为前切刀和后切刀(图 3.33)。如图 3.33(a) 所示为前切刀,模膛通常位于锻模的右前角,操作较为方便。但切断后的锻件易堆积在锻锤的导轨旁,影响锻造的进行。

如图 3.33(b) 所示为后切刀,模膛通常位于锻模的左后角,由此切下的锻件直接落到锻锤后的传送带上,送到下一工位。

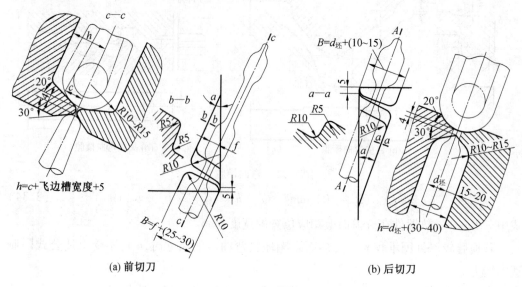

图 3.33 切断模膛

(2) 模膛设计。

① 前切刀的模膛尺寸是根据带有飞边锻件确定的,其模膛高度 h 应保证锻件飞边不与模膛底部相碰,模膛宽度 B 应保证锻件最大凸出部分在切断时不碰模壁。

② 后切刀的模膛尺寸根据坯料直径 $d_{坯}$ 确定,以坯料能自由放入模膛并在切断时不碰模壁为准。前、后切刀的尺寸可按表 3.13 选定。后切刀宽度 B 可根据坯料直径($d_{坯}/2$ 相当于 c)按表 3.13 选取。

③ 切断模膛的斜度 α 根据模膛的布置情况确定,通常可取 15°、20°、25°、30° 等。

表 3.13 切刀的尺寸   mm

锻件尺寸 c 或 f		< 10	10 ~ 20	20 ~ 30	30 ~ 40	40 ~ 50
切刀尺寸	h	50	60	70	80	90
	B	50	50	60	70	80

3.2 锻模结构设计

3.2.1 模膛布排

1. 模膛中心与锻模中心

(1) 模膛中心。

模膛中心即模膛承受金属变形抗力的合力中心,其与锻件形状和厚度有关。

① 锻件外形和厚度变化较小,变形抗力分布较均匀,模膛中心常取锻件(含飞边槽桥

部)在分模面上投影的形心。在实践中常采用吊线法确定形心,如图3.34所示,首先将锻件及飞边槽桥部的水平投影形状复制成厚度均匀的板料,然后在板料上任选两点用线吊起,锻件形心或模膛中心即为吊线延长线的交点。

② 当锻件形状复杂、厚度方向的尺寸和形状变化较大,变形抗力不均匀时,模膛中心应偏向变形抗力较大的一侧。例如厚薄不均的锻件,位于较薄区间的质点由于温度降低快,变形抗力急剧上升,而且三向压应力状态较强,所以模膛中心应向较薄的一方偏移,如图3.35所示。可以采用数值模拟的方法或根据实践经验确定模膛中心相对于锻件形心位置的偏移量,通常不宜超过表3.14列出的数据。

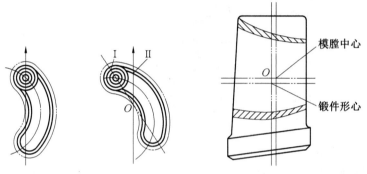

图 3.34　吊线法确定形心示意图　　图 3.35　叶片的模膛中心位置

表 3.14　偏移量与锻锤吨位的关系

锻锤吨位 /t	1 ~ 2	3	5	10 ~ 16
偏移量 /mm	< 15	< 25	< 35	< 55

(2) 锻模中心。

锻模中心位于锤杆的轴线上,是锻锤打击力的作用中心,即键槽中心线与锻模燕尾中心线的交点。

2. 单模膛布置

由于单模膛锻模只有一个终锻模膛,为使金属变形阻力与锤击力在同一垂线上,避免错移力,模膛中心应与锻模中心重合。这时锤击力与金属变形抗力的合力处在同一铅垂线上,不产生偏心力矩,如图3.36所示。

3. 多模膛布置

在生产中,锤上模锻通常采用多模膛锻模,相对于单模膛的排布而言,多模膛的排布就复杂得多。首先确定受力最大的终锻模膛与预锻模膛的位置,然后再根据模膛变形工序与模膛数量,布置其他模膛。

(1) 终锻与预锻模膛的布置。

具有预锻模膛的多模膛锻模,为保证锻件质量,减小错移量,终锻模膛或预锻模膛均不能与锻模中心重合,应两者兼顾,使两模膛中心安排在锻模燕尾中心线的两侧且尽量靠

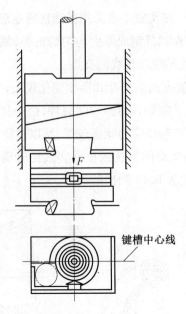

图 3.36 正中锤击

近锻模中心。另外,应注意以下几点:

① 在锻模前后方向上,通常两模膛中心应与锻模的键槽中心线重合,如图 3.37 所示。

② 在锻模左右方向上,终锻模膛与锻模燕尾中心线的偏移量 a 应不超过表 3.15 所列的数值。

③ 若锻件因终锻模膛偏移过大而使错差量过大时,a 可取 $(1/5 \sim 1/3)L$,即 b 取 $(2/3 \sim 4/5)L$,设计时应预先考虑预锻模膛上、下模膛的错移量 Y。Y 值按锻锤的吨位确定,一般在 1~4 mm 范围内,小吨位锻锤 Y 取小值,否则取大值。

④ 预锻模膛和终锻模膛的中心线应在锻模燕尾范围内。若锻件外形过于宽大,无法满足上述要求,则在两副锻模上分别设置两模膛进行联合锻造,以合理使用设备,保证锻件质量,提高模具寿命。

⑤ 为减小终锻与预锻模膛中心距离 L,即 L 取最小值,在保证模膛间模壁有足够强度下,选用下列排列方法:

a. 平行排列法,如图 3.38 所示,终锻和预锻模膛中心位于键槽中心线上,L 值减小的同时前后方向的错差量也较小,锻件质量较好。

b. 前后错开排列法,如图 3.39 所示,预锻与终锻模膛在前后方向为不等排列,这种排列能减小 L 值,但增加前后方向的偏移量,适用于该图所示的特殊形状的锻件。

c. 反向排列法,如图 3.40 所示,预锻和终锻模膛反向布排,这种布排能减小 L 值,同时有利于去除毛坯的氧化皮,也利于模膛的充满,多用于上下模对称的大型锻件,应用较广。

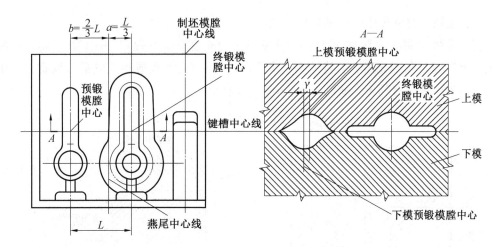

图 3.37 模膛中心布排

表 3.15 允许的偏移量 a

锤锻吨位/t	1	2	3	5	10	16
a/mm	25	40	50	60	70	80

（2）带平衡锁扣的模膛中心位置的确定。

对于有落差的锻件，其锻模模膛通常采用平衡锁扣，模膛中心与键槽中心并不重合，而是沿着锁扣方向向前或向后偏离 S 值，以减少错差量与锁扣的磨损。S 应根据锁扣的形式来确定。

① 平衡锁扣凸出部分在上模，如图 3.41 所示。模膛中心应向平衡锁扣相反方向离开锻模中心，其距离 S_1 为

$$S_1 = (0.2 \sim 0.4)h \tag{3.35}$$

式中　h——分模面落差。

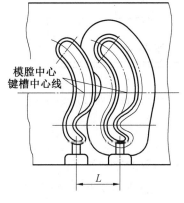

图 3.38　平行排列

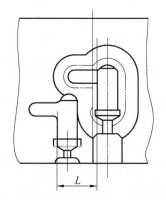

图 3.39　前后错开排列

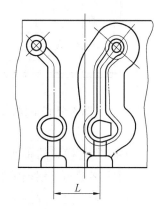

图 3.40　反向排列

② 如图 3.42 所示，平衡锁扣凸出部分在下模，则模膛中心应向平衡锁扣方向离开锻模中心，其距离 S_2 为

$$S_2 = (0.2 \sim 0.4)h \tag{3.36}$$

(3) 预锻与终锻模中锻件的安排方式。

若要求操作和取件方便,锻件的大头部分或复杂部分应在钳口一端(图 3.43),但模腔太靠近钳口不利于充满。若将锻件小头放在钳口一端,大头或难充满部分放在钳口的另一端(图 3.44),有利于金属的充填,节省钳口材料。

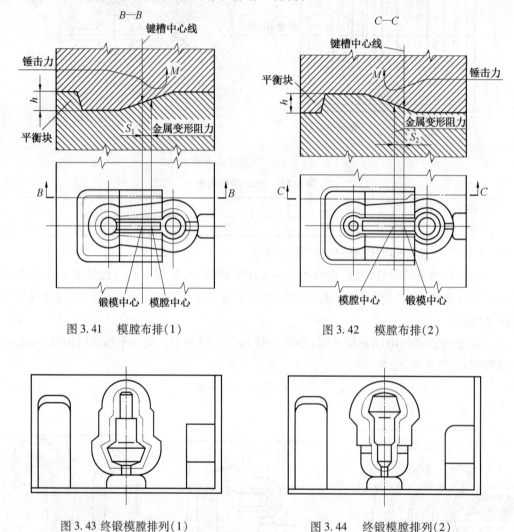

图 3.41　模膛布排(1)　　　　　图 3.42　模膛布排(2)

图 3.43　终锻模膛排列(1)　　　图 3.44　终锻模膛排列(2)

(4) 制坯模膛的布置。

确定终锻与预锻模膛的位置后,应布置制坯模膛,制坯模膛布置的原则如下:

① 按模锻工艺顺序排列制坯模膛,锻造操作过程中一般只允许改变方向一次,以节省操作时间。

② 布置弯曲模膛的位置时,应考虑坯料在弯曲后能简便快捷地翻转进入预锻或终锻模膛(图 3.45),避免操作时坯料的反向翻转,尤其对大型锻件更应考虑操作方便。

③ 制坯模膛的布置应与加热炉、切边压力机等位置相适应。

④ 拔长模膛通常直排在锻模右侧,若排在左侧时,为方便操作应斜排。

⑤ 制坯模膛的设计应尽量减少模块尺寸。

⑥ 为方便操作,前切刀通常位于锻模的右前角,后切刀通常位于左后角。

⑦ 拔长模膛、滚压模膛等头道制坯模膛氧化皮最多,应布置到吹风嘴的对侧,以避免氧化皮落入终、预锻模膛。

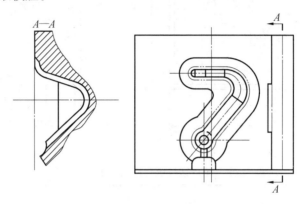

图 3.45　弯曲模膛的位置

3.2.2　模块尺寸的确定

1. 基本设计步骤

(1) 根据锻模中模膛的数量、尺寸、布排方案、壁厚要求及模膛中心等要求,初步确定模块的最小轮廓尺寸,并按标准模块中相近的较大值选取。

(2) 在模膛布排后,核对是否符合模块的设计原则,若不符合应调整。

(3) 按最终确定的模块尺寸布排模膛位置。

2. 模块基本设计原则

(1) 锻模中心与模块中心的关系(图 3.46)。

锻模中心是指燕尾中心线与键槽中心线的交点,模块中心是指分模面上模块对角线的交点,其与锻模中心的偏移量不能过大,否则对锻件精度和锻锤寿命均有不良影响,一般偏移量应控制在 $c/d \leqslant 1.4$。

(2) 最小承击面积。

承击面是指锻模上下模的接触面,即分模面去除模膛和飞边槽的剩余部分,如图 3.47 所示。承击面积不足会造成锻模过早被压陷,导致模膛整体高度减小。因此,模块要有足够的承击面积,锤用锻模所允许的最小承击面积见表 3.16。

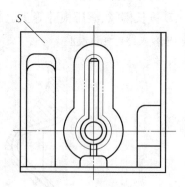

图 3.46 模块中心　　　　　图 3.47 锻模承击面

表 3.16　锤用锻模所允许的最小承击面积

锻锤吨位 /t	1	2	3	5	10	16
承击面积 /cm²	300	500	700	900	1 600	2 500

(3) 模块允许的最大长度。

当锻件较长时,需使锻模伸出模座和锤头,所伸出的悬空部分长度应不大于上模块或下模块的高度的 1/3,即

$$f \leq \frac{H}{3} \tag{3.37}$$

式中　f——模块悬空部分长度(图 3.48);

　　　H——上模块或下模块的高度。

(4) 锻模宽度(图 3.49)。

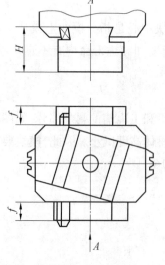
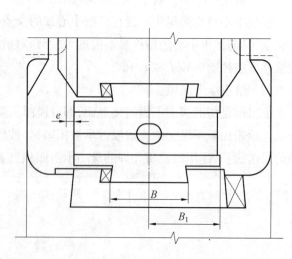

图 3.48　模块长度　　　　　图 3.49　锻模宽度

锻模宽度依据各模腔宽度和模壁厚度确定。上模块的任何一侧边缘与锻锤导轨之间的最小间距 e 应大于 20 mm，以避免锻模宽度尺寸过大而与锻锤导轨相撞；模块允许的最小宽度为 $B_1 \geqslant B/2 + 15$ mm，以确保斜楔紧固锻模的可靠性。

(5) 模块高度。

模锻变形时，通过模具将外力传给变形金属，同时变形金属也以同样大小的反作用力作用于模具。模锻时模腔侧壁受到很大的压力，当锻模的高度较小时，应力值超过模具的强度极限，从而在模腔深处沿高度方向产生纵向裂纹，如图 3.50 所示。当模腔的内圆角半径较小和模腔具有深而窄的凹槽或残留加工刀痕时，应力集中更易产生损坏。

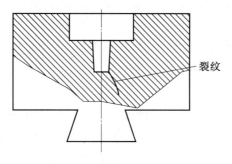

图 3.50　模腔深处裂纹

① 模块最小高度。

a. 有过渡垫模时，模块最小高度 H_{1min} 应根据终锻模腔最大深度 h 来确定，如图 3.51 所示，可按表 3.17 选用（过渡垫模一般在 3 t 以下的锻锤上采用为宜）。

b. 无过渡垫模时，上下模最小闭合高度 H_{min} 应不小于锤安模空间最小高度，如图 3.52 所示和见表 3.18。

② 上下模最大闭合高度 H_{max}，如图 3.52 所示。

a. 锻钢模块在确定模块高度时，应考虑提高模块利用率，应有翻新量，翻新次数一般为 3 ~ 4 次，通常每次修复量为 10 ~ 25 mm。表 3.18 是我国汽车工厂所用数据。

b. 铸钢堆焊锻模与双金属模块，模块最大与最小高度，基本上与锻钢模块相同。

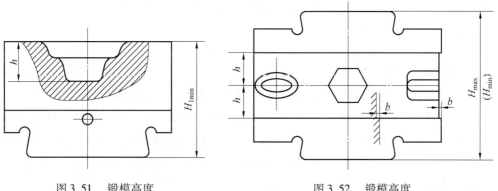

图 3.51　锻模高度　　　　　图 3.52　锻模高度

表 3.17　模块最小高度　　　　　　　　　　　　　　　　　　　　mm

终锻模膛最大深度	<32	32~40	40~50	50~60	60~80	80~100	100~120	120~160	160~200
模块最小高度 $H_{1\min}$	170	190	210	230	260	290	320	390	450

表 3.18　我国汽车工厂所用数据

锻锤吨位 /t	1	2	3	5	10	16
$H_{\min}$/mm	320	360	480	530	610	660
$H_{\max}$/mm	500	600	700	750	850	950
上模块最大质量 /kg	350	700	1 050	1 750	3 500	5 250

(6) 模块允许的最大质量。

上模块过重会导致锤头升起困难,因此对上模块的质量加以限制(见表 3.18),或按照小于锻锤吨位 35%(夹板锤为 25%)来估算。

(7) 燕尾根部的转角。

锤击时,燕尾与锤头和下砧的燕尾槽接触,而两侧悬空(间隙约为 0.5 mm),当偏心打击时,燕尾根部转角处的应力集中较大。在多模膛锻造时,常常在燕尾根部转角处产生裂纹,如图 3.53 所示。燕尾转角半径越小、加工时越粗糙、留有加工刀痕等情况下,燕尾越易破坏。燕尾部分热处理后的硬度越高(相应的冲击韧度下降)和有残余应力集中时,燕尾也越易破坏。如果锻模材质不好也易产生破坏。

为减小应力集中,燕尾根部的圆角 R 一般取 5 mm。转角处应光滑过渡,粗糙度低,不能有刀痕,热处理淬火时此处的冷却速度应较小。

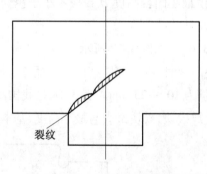

图 3.53　燕尾根部裂纹

(8) 模块流线方向。

模块材料的流线避免与打击方向平行,应垂直于打击方向,以提高锻模寿命。

① 对于短轴类锻件,模块的流线方向应与键槽中心线的方向一致,如图 3.54 所示。

② 对于长轴类锻件,当锻模损坏的主要方式是磨损时,模块的流线方向应与锻件的轴线方向一致(即平行锻模燕尾槽方向),如图 3.55 所示。当锻模的损坏方式主要是开裂时,其流线方向应与键槽中心线的方向一致。

（9）模块规格。

确定模块规格时，可以参阅标准 GB/T 11880—2008《模锻锤和大型机械锻压机用模块技术条件》。

（10）镶块锻模。

当锻件品种规格较多、生产批量不大时，可采用镶块式锻模（图3.56）。镶块有圆形和矩形两种，通常用楔铁或热套的方法紧固在模座上，但连接的可靠性较差。

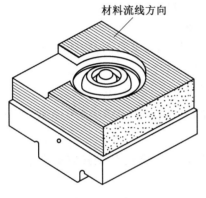

图3.54 模块的流线（短轴件）

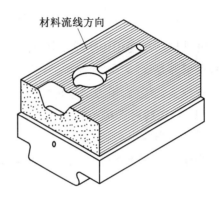

图3.55 模块的流线（长轴件）

3. 模膛壁厚的确定

模膛壁厚是指模膛到模块边缘的距离，或模膛之间的距离。模锻时终锻模膛和预锻模膛侧壁受到很大的压力，如果模膛壁较薄，会引起模壁断裂，如图3.57所示。模膛越深、模壁斜度和模膛底部圆角半径越小和留有加工刀痕时，模壁越易产生这种破坏。

确定模膛壁厚尺寸应遵循保证锻模有足够强度和减小模块尺寸的原则。壁厚与模膛深度 h、模膛底部的圆角半径 R、模壁斜度 α 有关，如图3.58所示，h 越大，R 和 α 越小，则壁厚应增大。

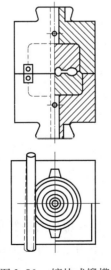

图3.56 镶块式锻模

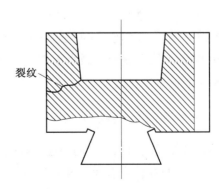

图3.57 模壁断裂

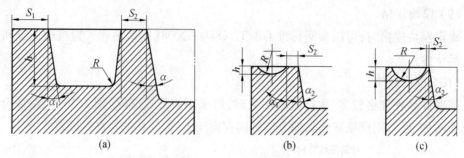

图 3.58　模壁示意图

此外模壁厚度还与模膛在分模面上的宽度有关,模膛宽度越大,壁厚应越大,图 3.59 中模膛壁厚是 $S_c > S_b > S_a$。

根据实践经验,模膛壁厚可按图 3.60 确定。

(1)S_1 线适用于 $R < 0.5h$、$\alpha_1 < 20°$ 时的外壁厚。当 $R = (0.5 \sim 1.0)h$ 或 $\alpha_1 \geq 20°$,外壁厚可适当减小。

当模膛靠外壁处有不同深度时(阶梯模膛),应按各个深度分别查取最小壁厚,并取大值。

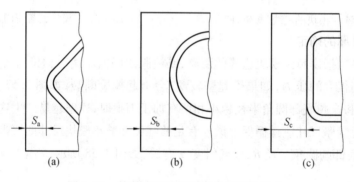

图 3.59　锻件水平形状对模具壁厚的影响

(2)S_2 线适用以下情况:

①$R \geq h$ 时的外壁厚,如图 3.58 中(b)和(c)左侧模膛的外壁。

②$R < 0.5h$、$\alpha < 20°$ 时模膛间壁厚。

当 $R \geq h$ 时,则模膛间壁厚 S 取 $(0.8 \sim 0.9)S_2$。

对一模多件锻模,相邻模锻模膛的最小壁厚 S 取 $0.5S_2$。

制坯模膛受力小,其壁厚可减小至 $5 \sim 10$ mm。

钳口到模膛的壁厚 S 取 $0.7S_2$。

3.2.3　基准面与楔紧面

基准面设计在模块相互垂直的侧边,这两侧面构成 90° 的角称为检验角。其位置一般在模块的前面和左面(或右面),起到制模时划线基准的作用,又可作为调整模具的依据。如图 3.52 所示,两个基准面通常要凹下模块侧面,以防磕伤基准面。

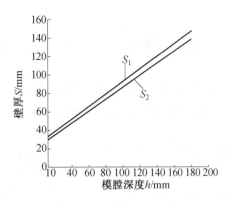

图 3.60　模腔壁厚曲线

宽度 $b = 5$ mm；高度 h 按表 3.19 选取。

表 3.19　检验角的高度

锻锤吨位 /t	< 2	2 ~ 5	> 5
检验角高度 h/mm	50	75	100

楔紧面(燕尾)平行纵向基准面，锻模依靠燕尾紧固于下模座和锤头的燕尾槽里，上、下模通过楔铁楔入燕尾和燕尾槽的楔紧面间紧固锻模。

3.2.4　锻模的锁扣设计

1. 锁扣的作用

锁扣主要作用是平衡错移力，当锻件的分模面为斜面或曲面时，或锻模中心与模腔中心偏移量较大时，在模锻过程中会产生水平方向的分力。这种分力通常称为错移力，会引起锻模在锻击过程中错移，导致锻件产生沿分模面的错差，影响锻件的尺寸精度。错移力还作用到导轨和床身上，使导轨磨损、床身损坏，甚至锤杆折断，影响锻锤的寿命。为改善这种状况，应在锻模上设置锁扣。

另外，当设备精度较低时，锻模上的锁扣可以补偿设备导向精度不足。

2. 锁扣的类型

锁扣可以分为平衡锁扣和一般锁扣两种。

(1) 平衡锁扣。

平衡锁扣适用于具有落差的非平面分模锻件，为平衡锻模的错移力而设置。平衡锁扣如图 3.61 所示，具体形式如下：

① 对称式锁扣不需另设平衡块，错移力由锻件自身平衡，适用于具有对称性的锻件以及对称排列的锻件。

② 倾斜式锁扣将锻件倾斜一个角度 γ，为消除错移力，应使工件两端点位于同一水平面上，此时应改变模锻斜度，以便脱模。倾斜式锁扣适用于落差高度 $h \leqslant 15$ mm 且 $\gamma \leqslant 7°$ 的锻件。

③ 平衡块式锁扣采用平衡块来抵消错移力，适用于落差高度 $h = 15$ ~ 50 mm 的锻

件。

④ 混合式锁扣为倾斜式锁扣和平衡块式锁扣的综合应用,适用于 $\gamma \leqslant 7°$ 且落差高度 $h > 50$ mm 的锻件。

⑤ 多块式锁扣适用于锻件左右具有落差易产生错移或有预锻模膛的情形。

⑥ 对精度要求高或形状复杂的锻件采用方形闭式锁扣。

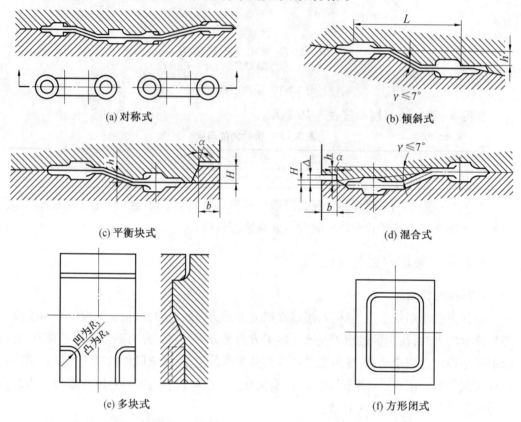

图 3.61　平衡锁扣

（2）一般锁扣。

一般锁扣是指为保证锻件精度,减小锻件错移量,便于锻模安装与调整而设置的导向锁扣,适用于分模面无落差的锻件。一般锁扣也能起平衡错移力的作用,但其主要目的是起导向作用。

通常在下列情形下考虑设置一般锁扣：

① 锻件的错差量要求小于 0.5 mm。

② 锻件外形易产生错移,如细长轴类锻件、一模多件或锻件形状复杂等。

③ 盘类锻件毛坯放偏易错移。

④ 外形复杂的锻件,如带叉形、工字形截面的锻件,易导致锻模调整困难。

⑤ 当锻锤导轨间隙过大时,导向性差。

⑥ 需冷却切边的锻件。

⑦ 锻件外形误差不易检查时。

一般锁扣如图 3.62 所示,具体形式如下:

① 圆形锁扣适用于圆饼类锻件,以便控制锻件错移力。

② 不完全圆形锁扣适用于尺寸较大的锻件,以便制模和减小模块尺寸。

③ 四角式锁扣用于形状复杂的锻件,可防止任意方向的错移。

④ 对角式锁扣较常用,其特点是制造较简单,占模面积不大。

⑤ 侧块式锁扣适用于较复杂的锻件,可防止上、下模相对转动或纵横向错移。

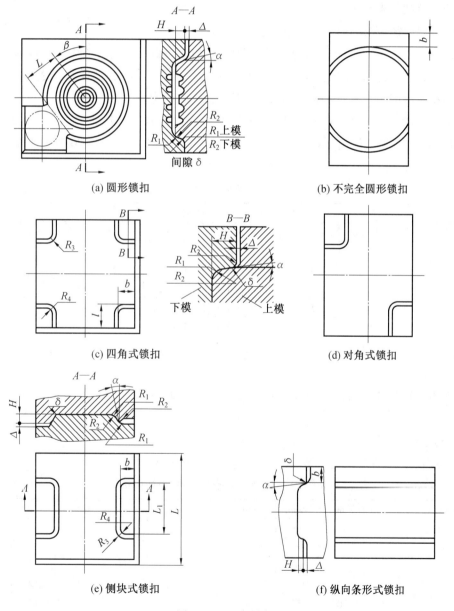

图 3.62 一般锁扣

⑥ 纵向条形式锁扣仅控制锻件宽度方向的错移,适用于条形锻件,有时也用于一模多件的模锻。

3. 锁扣的设计

锁扣起平衡错移力作用时,承受锻打过程中很大的冲击,因此要有足够的强度。锁扣尺寸选择主要根据锻件分模面落差高度及锻锤吨位确定。

平衡块式锁扣的高度等于锻件分模面落差高度,由于锁扣所受的力可能很大,易损坏,故锁扣的壁厚应不小于1.5倍的锁扣高度(即$b \geq 1.5H$)。一般锁扣的高度、宽度和长度按照锻锤吨位来确定。

(1)圆形锁扣及纵向条形式锁扣。

设计尺寸参考图3.62(a)(f)及表3.20。锁扣上斜面的斜度对锁扣寿命影响较大,若斜度太小,则锻打过程中锁扣可能直接碰撞而损坏;若斜度太大,锻模易失去平衡作用。圆形锁扣及纵向条形式锁扣的斜度 α 值按照表3.20确定。

上、下锁扣在水平方向应有间隙,间隙值与锻件允许的水平错差量有关,一般取锻件错移量的1/2或1/3。圆形锁扣及纵向条形式锁扣的 δ 按表3.20确定。按表3.20确定圆形锁扣及纵向条形式锁扣的上、下锁扣在垂直方向的间隙 Δ,保证锻打时上、下锁扣不相碰。

表 3.20　圆形锁扣及纵向条形式锁扣设计尺寸

锻锤吨位 /t	锁扣尺寸						
	H/mm	b/mm	δ/mm	Δ/mm	α/(°)	R_1/mm	R_2/mm
1	25	35	0.2 ~ 0.4	1 ~ 2	5	3	5
2	30	40	0.2 ~ 0.4	1 ~ 2	5	3	5
3	35	45	0.2 ~ 0.4	1 ~ 2	3	3	5
5	40	50	0.2 ~ 0.4	1 ~ 2	3	5	8
10	50	60	0.2 ~ 0.4	1 ~ 2	3	5	8
16	60	75	0.2 ~ 0.4	1 ~ 2	3	5	8

(2)角锁扣。

四角式锁扣和对角式锁扣统称为角锁扣。角锁扣设计尺寸参考图3.62(c)(d)及表3.21。

(3)侧块式锁扣。

侧块长度 $L_1 = L/2$(图3.62(e)),其他尺寸参考表3.21。

表 3.21　角锁扣及侧块式锁扣设计尺寸

锻锤吨位 /t	H/mm	b/mm	l/mm	δ/mm	Δ/mm	α/(°)	R_1/mm	R_2/mm	R_3/mm	R_4/mm
1 ~ 1.5	30	50	75	0.2	1	3	3	5	8	10
2	35	60	90	0.2	1	3	3	5	9	12
3	40	70	100	0.3	1	3	3	5	10	15
5	45	75	110	0.4	1	3	5	8	12	15
10	55	90	150	0.5	1.5	3	5	8	15	20
16	70	120	180	0.6	1.5	3	6	10	20	25

采用锁扣可以减少锻件的错差,但也带来一些缺点,如:锁扣的设置减小了锻模的承击面,增大了锻模尺寸;减少了模具修复次数,降低了模具材料的利用率;增加了制造费用。

3.2.5 燕尾和键槽设计

燕尾及键槽是为锤用锻模安装锻锤上而设置的,通过楔铁和键块将锻模紧固在下模座和锤头上。燕尾、楔铁和键块的尺寸与锻锤吨位有关,详细尺寸见第5章。锻模一般质量较大,为便于在运输和安装过程中穿入吊装棒,应设置起重孔,起重孔在燕尾中心线上位于锻模的前后两端。起重孔的直径和深度与锻锤吨位有关,详细尺寸见第5章。

第4章 切边模和冲孔模设计

开式模锻件均带有飞边,某些带孔锻件还有冲孔连皮,通常采用冲切法去除飞边和冲孔连皮。

4.1 切边和冲孔的基本方式及模具类型

切边和冲孔通常在曲柄压力机上进行。

图 4.1 为切边和冲孔的示意图。切边模和冲孔模主要由凸模(冲头)和凹模组成。切边时,锻件放在凹模孔口上,在凸模的推压下,锻件的飞边被凹模剪切与锻件分离。由于凸凹模之间存在间隙,因此在剪切过程中伴有弯曲和拉伸的现象。通常切边凸模只起传递压力的作用,而凹模刃口起剪切作用。在特殊情况下,凸模与凹模同时起剪切作用。冲孔时,冲孔凹模起支承锻件的作用,而冲孔凸模起剪切作用。

切边和冲孔分为热切(冲)和冷切(冲)两种方式。热切和热冲一般与模锻工序在同一火次内完成,即模锻结束后立即进行切边和冲孔。冷切和冷冲则是在模锻以后把锻件集中起来在常温下进行。

热切(冲)所需的压力比冷切(冲)小得多,约为后者的 20%;同时,在热态下切边和冲孔,锻件具有较好的塑性、不易产生裂纹,但锻件容易变形走样。

冷切(冲)的优点是劳动条件好、生产率高。冲切时锻件走样小,凸凹模的调整和修配比较方便。其缺点是所需设备吨位较大、锻件易产生裂纹。

切边、冲孔模分为简单模、连续模和复合模三种类型。简单模用来完成切边或冲孔的单一工步操作(图 4.1)。连续模是在压力机的一次行程内同时进行两个工步的操作,即一个锻件的切边和另一个锻件的冲孔(图 4.2)。复合模是压力机在一次行程中,同时完成一个锻件上的两个工步,即切边和冲孔(图 4.3)。

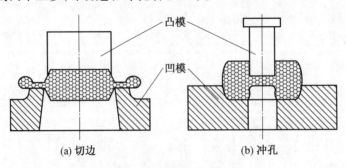

图 4.1 切边和冲孔示意图

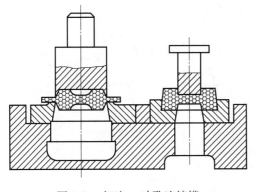
图 4.2　切边 – 冲孔连续模

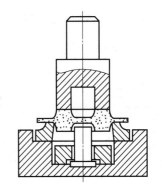
图 4.3　切边 – 冲孔复合模

4.2　切边模

切边模一般由切边凹模、切边凸模、模座和卸飞边装置等零部件组成。

4.2.1　切边凹模的结构及尺寸

切边凹模有整体式（图4.4）和组合式（图4.5）两种。整体式凹模适用于中小型锻件，特别是形状简单、对称的锻件。组合式凹模由两块以上的模块组成，制造比较容易，热处理时不易淬裂，变形小，便于修磨、调整和更换，多用于大型或形状复杂的锻件。图4.5为连杆锻件的组合式切边凹模，由三块组成，其叉形舌部单独分成一块，杆部为两块。当刃口磨损后，可将各分块接触面磨去一层，修整刃口即可重新使用。

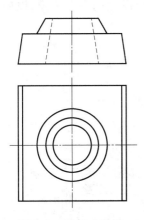
图 4.4　整体式凹模

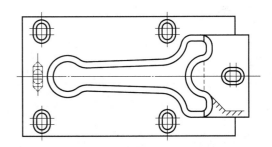
图 4.5　组合式凹模

凹模的刃口一般有三种形式，如图4.6所示。图4.6(a)为直刃口，当刃口磨损后，将顶面磨去一层即可使刃口恢复锋利，并且刃口的轮廓尺寸保持不变。直刃口维修方便，但由于剪切工作带增长，切边力较大，一般用于整体式凹模。图4.6(b)为斜刃口，该形式切边省力，但易磨损，主要用于组合式凹模。图4.6(c)为对咬刃口，上、下模有对称的尖锐刃口，切边时飞边在上、下模刃口接触时被对咬切断，主要用于对拉应力敏感的低塑性镁合金(如 MB15)锻件的切边,其他场合很少采用。

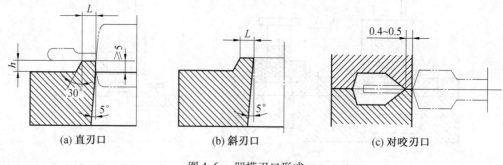

(a) 直刃口　　(b) 斜刃口　　(c) 对咬刃口

图 4.6　凹模刃口形式

直刃口和斜刃口在刃口下部具有 5° 斜度的通孔,称为落料孔,以保证切边后锻件自由落下。为使锻件平稳放在凹模孔口上并减少刃口修复时的磨削工作量,通常将刃口顶面做成凸台形式。凸台宽度 L 应比飞边桥部宽度略小些,凸台高度 h 随飞边桥部高度而定,一般取 $h = 10 \sim 15$ mm。

切边凹模的刃口用来剪切锻件飞边,应制成锐角。刃口的轮廓线按锻件图上的轮廓线制造。如为热切,则按热锻件图设计,并用铅件或铸盐件配制;如为冷切,则按冷锻件配制。如果凹模刃口与锻件配合过紧,则锻件放入凹模困难,切边时锻件的一部分敷料会连同飞边一起切掉,影响锻件质量;若凹模与锻件间隙过大,则切边后锻件有较大毛刺,增加了打磨毛刺的工作量。

切边凹模多用楔铁或螺钉紧固在凹模底座上。用楔铁紧固方式简单、牢固,一般用于整体凹模或由两块组成的凹模。螺钉紧固方法多用于三块以上的组合凹模,以便于调整凸凹模的间隙(图4.7)。

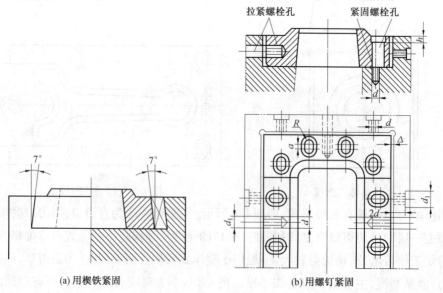

(a) 用楔铁紧固　　(b) 用螺钉紧固

图 4.7　凹模紧固方法

带导柱导套的切边模,其凹模均采用螺钉固定,以调整凸凹模之间的间隙。轮廓为圆形的小型锻件,也可用压板固定切边凹模(图4.8),凸模与凹模之间的间隙靠移动模座来调整。

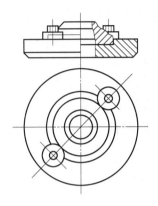

图4.8　用压板紧固的凹模

4.2.2　切边凸模设计及固定方法

切边凸模起传递压力的作用,要求与锻件有一定的接触面积(推压面),而且其形状应基本吻合。不均匀的接触或推压面积太小,切边时锻件因局部受压会发生弯曲、扭曲和表面压伤等缺陷,影响锻件质量,甚至造成废品。另外,为避免啃伤锻件的过渡断面,应在该处留出空隙 Δ(图4.9)。Δ 值等于锻件相应处水平尺寸正偏差的1/2再加0.3～0.5 mm。

为便于凸模加工,凸模并不需要与锻件接触面所有的形状都接触,可适当简化(图4.10)。为此,一般选择锻件形状简单的一面作为切边时的承压面(图4.11)。

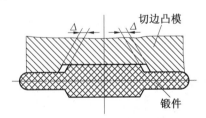

图4.9　切边凸模与锻件的间隙

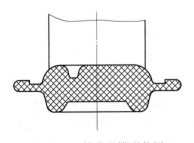 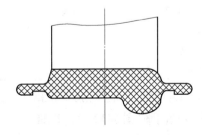

图4.10　简化凸模形状图　　图4.11　锻件承压面的选取

切边时,凸模一般会进入凹模内,凸凹模之间应有适当的间隙 δ。δ 靠减小凸模轮廓尺寸保证。间隙过大,不利于凸凹模位置对准,易产生偏心切边和不均匀的残余毛刺;间隙过小,飞边不易从凸模上取下,而且凸凹模有互啃的危险。

切边凸凹模的作用不同,间隙 δ 也不同。当凹模起切刃作用时,间隙 δ 可适当放大;凸凹模同时起切刃作用时,间隙 δ 较小。对于凹模起切刃作用的间隙 δ,根据锻件垂直于分模面的横截面形状及尺寸,按图 4.12 中形式 I、形式 II 及表 4.1 确定。当锻件模锻斜度大于 15° 时(图 4.12 形式 III),间隙 δ 不宜太大,以免切边时造成锻件边缘向上卷起,并形成较大的残留毛刺。为此,凸模应按图示形式与锻件配合,每边保持 0.5 mm 左右的最小间隙。对于凸凹模同时起切刃作用的凸凹模间隙,其数值计算式为

$$\delta = Kt \tag{4.1}$$

式中　　δ——凸凹模单边间隙,mm;

t——切边厚度,mm;

K——材料系数,对于钢、钛合金、硬铝,$K = 0.08 \sim 0.1$;对于铝、镁、铜合金,$K = 0.04 \sim 0.06$。

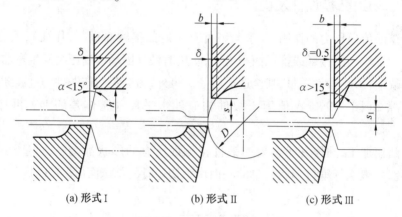

(a) 形式 I　　(b) 形式 II　　(c) 形式 III

图 4.12　切边凸凹模的间隙

表 4.1　切边凸凹模的间隙 δ　　　　　　　　　　mm

形式 I		形式 II	
h	δ	D	δ
< 5	0.3	< 20	0.3
5 ~ 10	0.5	20 ~ 30	0.5
10 ~ 19	0.8	30 ~ 48	0.8
19 ~ 24	1.0	48 ~ 59	1.0
24 ~ 30	1.2	59 ~ 70	1.2
> 30	1.5	> 70	1.5

为便于模具调整,沿整个轮廓线间隙应按最小值取成一致。凸模下端不可有锐边,应从 s 和 s_1 高度处削平(图 4.12 形式 II、III)。s 和 s_1 的大小可用作图法确定,使凸模下端削平后的宽度 b,对小型锻件为 1.5 mm,对中型锻件为 2 ~ 3 mm,对大型锻件为 3 ~ 5 mm。

凸模紧固方法主要有三种:① 如图 4.13(a) 所示,用楔铁将凸模燕尾直接紧固在滑块上,前后用中心键定位,多用于紧固大型锻件的切边凸模;② 如图 4.13(b) 所示,用压力机的紧固装置,直接将凸模尾柄紧固在滑块上,其特点是夹持方便,适于紧固中小型锻件的切边凸模;③ 如图 4.13(c) 所示,对于特别大的锻件,可用压板、螺栓将凸模直接紧固在滑块上。此外,中小型锻件的切边凸模也常用键槽和螺钉或楔铁和燕尾固定在模座上,再将模座固定在压力机的滑块上。

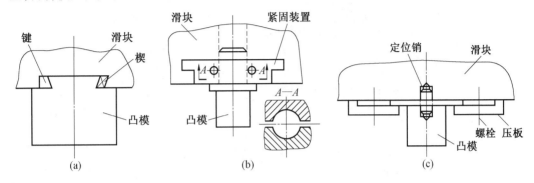

图 4.13　凸模直接紧固在滑块上

4.2.3　模具闭合高度

刚切完边时,上下模具的高度称为模具闭合高度 $H_{闭}$。它与切边压力机的封闭高度有关,如图 4.14 所示。切边压力机的封闭高度通过压力机连杆上的螺钉进行调整。调整量为 m,故有最大封闭高度 H_{max} 和最小封闭高度 H_{min}。H_{max} 为滑块在下止点,螺杆调到最上位置时,滑块底面至工作台上表面之间的距离;H_{min} 为滑块在下止点,螺杆调到最下位置时,滑块底面至工作台上表面之间的距离,即 $H_{min} = H_{max} - m$。模具封闭高度 $H_{闭}$ 应有一定的调节余地,其值在 H_{max} 和 H_{min} 之间,即

$$H_{min} - H_{垫} + (15 \sim 20) \text{ mm} \leq H_{闭} \leq H_{max} - H_{垫} - (15 \sim 20) \text{ mm} \quad (4.2)$$

式中　诸符号意义参见图 4.14。

求出模具闭合高度后,可确定凸模高度 $H_{凸}$,如图 4.15 所示。其中应考虑切边时的切移量 e,即凸模从接触锻件时起,到行程终了凸模推压剪断下行的距离。这段距离实际应为 $e + h_{飞}/2$,$h_{飞}$ 为飞边桥口高度,其量甚小,可忽略不计,近似将 e 作为切移量。为切净锻件上的飞边,切移量应大于飞边桥口高度,通常取 $e = (3 \sim 5) h_{飞}$。如图 4.15 所示,上模座高度 $H_{上}$、下模座高度 $H_{下}$ 已确定,因此凸模高度 $H_{凸}$ 可按以下两种情况计算确定:

(1) 当凸模推压面靠近飞边,需要伸入凹模刃口才能将飞边切净时(图 4.15(a)),凸模高度为

$$H_{凸} = H_{闭} - (H_{上} + H_{凹} + H_{下}) + e \quad (4.3)$$

(2) 当推压面远离飞边(图 4.15(b)),即 h_n(推压面至锻件分模线距离)大于飞边桥口高度的 $6 \sim 8$ 倍时,凸模不需伸入凹模刃口便可将飞边切净,则凸模高度为

$$H_{凸} = H_{闭} - (H_{上} + H_{凹} + H_{下} + h_{n}) + e \tag{4.4}$$

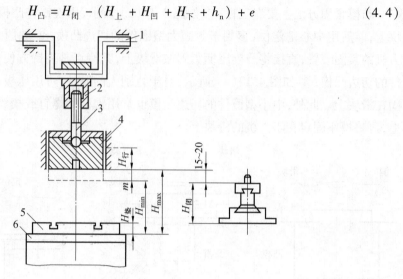

图 4.14 压力机封闭高度与模具闭合高度的关系
1—曲轴;2—连杆;3—螺杆;4—滑块;5—垫板;6—工作台

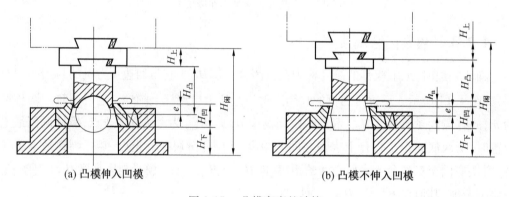

(a) 凸模伸入凹模 (b) 凸模不伸入凹模

图 4.15 凸模高度的计算

4.2.4 卸飞边装置

当凸凹模之间的间隙较小,切边时又需凸模进入凹模,切边后飞边常常卡在凸模上不易卸除。所以当冷切边间隙 $\delta < 0.5$ mm、热切边间隙 $\delta < 1$ mm 时,在切边模上应设置卸飞边装置。

卸飞边装置有刚性的(图 4.16(a)(b))和弹性的(图 4.16(c))两种。图 4.16(a)是常用的一种结构,适用于中小型锻件的冷、热切边。图 4.16(b)是爪形卸飞边装置,适用于大中型锻件的冷、热切边。对于高度尺寸较大的锻件,为防止模具闭合后凸模肩部碰到卸料板,可用图 4.16(c)所示的卸飞边装置。

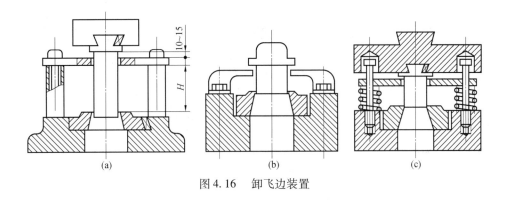

图 4.16 卸飞边装置

4.3 冲孔模和切边冲孔复合模

4.3.1 冲孔模

单独冲除锻件孔内连皮时,可将锻件放在凹模内,靠冲孔凸模端面的刃口将连皮冲掉。图 4.17 为冲孔模的结构简图。凸模刃口部分的尺寸按锻件孔形尺寸确定。凸凹模之间的间隙靠扩大凹模孔尺寸保证。

冲孔凹模起支承锻件的作用。凹模内凹穴被用来对锻件进行定位,其垂直方向的尺寸按锻件上相应部分的公称尺寸确定,但是凹穴的最大深度一般小于锻件的高度。形状对称的锻件,凹穴的深度可比锻件相应厚度的一半小一些。凹穴水平方向的尺寸,在定位部分(图 4.18 中的 C 尺寸)的侧面与锻件应有间隙 Δ,其值为 $e/2 + (0.3 \sim 0.5)$ mm,e 为锻件在该处的正偏差;在非定位部分(图 4.18 中的 B 尺寸),间隙 Δ_1 可比 Δ 大一些,取 $\Delta_1 = \Delta + 0.5$ mm,而且该处的制造精度也可低一些。

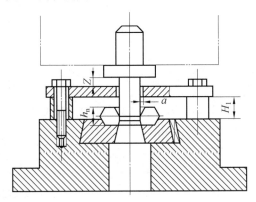

图 4.17 冲孔模结构

$H_1 = h_n + (5 \sim 8)$ mm;$a = 1.5 \sim 2.5$ mm;$Z = 10 \sim 15$ mm

锻件底面应全部支承在凹模上,故凹模孔径 d 应略小于锻件底面的内孔直径。凹模孔的最小高度 $H_{\min}$ 应不小于 $s + 15$ mm,s 为连皮厚度。

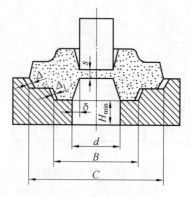

图 4.18　冲孔凹模尺寸

4.3.2　切边冲孔复合模

切边冲孔复合模的结构与工作过程如图 4.19 所示。压力机滑块处于最上位置时,拉杆 5 通过其头部将托架 6 拉住,使横梁 15 及顶件器 12 处于最高位置,此时将锻件放入凹模

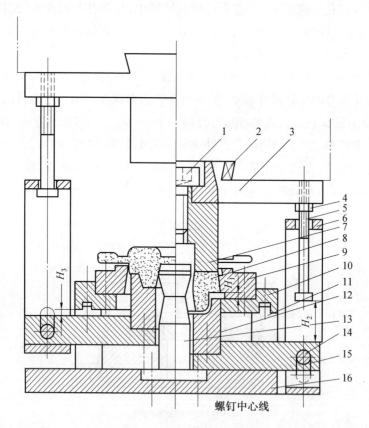

图 4.19　切边冲孔复合模

1—螺钉;2—楔;3—上模板;4—螺母;5—拉杆;6—托架;7—凸模;8—锻件;
9—凹模;10—垫板;11—支撑板;12—顶件器;13—冲头;14—螺栓;15—横梁;16—下模板

9,落于顶件器上。滑块下行时,拉杆与凸模7同时向下移动,托架、横梁、顶件器以及锻件靠自重同时向下移动。当锻件与凹模刃口接触后,与顶件器脱离。滑块继续下移,凸模与锻件接触并推压锻件,将飞边切除。随后锻件内孔连皮与冲头13接触,冲孔完毕后锻件落在顶件器上。

滑块向上移动时,凸模与拉杆同时上移,当拉杆上移一段距离后,其头部又与托架接触,带动托架、横梁与顶件器一起上移,并将锻件顶出凹模。

在生产批量不大的情况下,可采用如图4.20所示的简易切边冲孔复合模。它是在一般的切边模上增加一个活动冲头,用来冲除内孔的连皮。

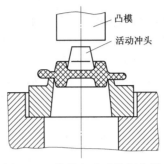

图4.20 简易切边冲孔复合模

4.4 切边力和冲孔力的计算

切边力和冲孔力的数值计算式为

$$F = \lambda \tau S \tag{4.5}$$

$$S = LZ \tag{4.6}$$

$$Z = 2.5t + B \tag{4.7}$$

式中　F——切边力或冲孔力,N;

　　　τ——材料的抗剪强度,通常取 $\tau = 0.8R_m$,R_m 为金属在切边或冲孔温度下的抗拉强度,MPa;

　　　S——剪切面积,mm^2;

　　　L——锻件分模线的周长,mm;

　　　Z——飞边或连皮的实际剪切厚度,mm;

　　　t——飞边桥部或连皮厚度,mm;

　　　B——锻件高度方向的正偏差,mm;

　　　λ——考虑到切边或冲孔时锻件发生弯曲、拉伸、刃口变钝等现象,实际切边或冲孔力增大所取的系数,一般取 $\lambda = 1.5 \sim 2.0$。

整理式(4.5)~(4.7),得

$$F = 0.8\lambda R_m L(2.5t + B) \tag{4.8}$$

第5章 锻模设计资料

5.1 模锻件设计

锻件质量的估算按下列程序进行：
零件图基本尺寸 → 估计机械加工余量 → 绘制锻件图 → 估算锻件质量，并按此质量查表确定机械加工余量和公差。

1. 机械加工余量

GB/T 12362—2016 规定的机械加工余量，根据估算的锻件质量、加工精度及锻件复杂系数由表 5.1 和表 5.2 查得。

2. 模锻件公差

长度、宽度和高度尺寸公差值（普通级）见表 5.3，错差和横向残留飞边公差（普通级）也由表 5.3 查得。

厚度公差值（普通级）见表 5.4。

中心距公差可由表 5.5 查得。

3. 模锻斜度

模锻件外模锻斜度按表 5.6 选用。

内脱模角可按表 5.6 数值加大 2°～3°，但最大不宜超过 15°。

4. 圆角半径

对于模锻件非加工部位的圆角半径可按表 5.7 确定。

5. 冲孔连皮

平底连皮厚度 s 和圆角半径 R_1 可按表 5.8 确定。

5.2 长轴类圆柱体锻件端头体积的计算

锻件端头设计脱模斜度后，锻件端头会产生独特的曲面体。本节介绍长轴类圆柱体锻件两种端头脱模斜度的设计方法及其曲面体的体积计算公式。

5.2.1 长轴类圆柱体锻件端头脱模斜度的两种设计方法

1. 第 1 种脱模斜度设计方法

在保证加工余量的前提下，从锻件分模面上各点直接向锻件端面引脱模线。在圆柱表面截得如图 5.1 所示的线，锻件在分模面上的轮廓线是直线。其中图 5.1 中的双点划线为零件的轮廓线。

2. 第 2 种脱模斜度设计方法

在保证加工余量的前提下，从锻件端面上各点向分模面引脱模线，锻件端头处的分模线为凸出的曲线，如图 5.2 所示。

表 5.1 模锻件内外表面加工余量

锻件质量 /kg	零件表面粗糙度 Ra /μm		锻件形状复杂系数		厚度(直径)方向	锻件单边余量 /mm 水平方向						
	≥1.6	<1.6	S_1、S_2	S_3、S_4		0~315	315~400	400~630	630~800	800~1 250	1 250~1 600	1 600~2 500
0~0.4					1.0~1.5	1.0~1.5	1.5~2.0	2.0~2.5	—	—	—	—
0.4~1.0					1.5~2.0	1.5~2.0	1.5~2.0	2.0~2.5	2.0~3.0	—	—	—
1.0~1.8					1.5~2.0	1.5~2.2	2.0~2.5	2.0~2.7	2.0~3.0	—	—	—
1.8~3.2					1.7~2.2	1.7~2.2	2.0~2.5	2.0~2.7	2.0~3.0	2.5~3.5	—	—
3.2~5.6					1.7~2.2	2.0~2.5	2.0~2.5	2.0~2.7	2.5~3.5	2.5~4.0	—	—
5.6~10.0					2.0~2.5	2.0~3.0	2.0~2.5	2.3~3.0	2.5~3.5	2.7~4.0	3.0~4.5	—
10.0~20.0					2.0~2.5	2.5~3.0	2.5~3.0	2.3~3.0	2.5~3.5	2.7~4.0	3.0~4.5	—
20.0~50.0					2.3~3.0	2.5~3.5	2.5~3.0	2.5~3.5	2.7~4.0	3.0~4.5	3.0~4.5	—
50.0~120.0					2.5~3.2	2.7~3.5	2.7~3.5	2.7~3.5	3.0~4.0	3.0~4.5	3.5~4.5	4.0~5.5
					3.0~4.0	2.7~4.0	3.0~4.0	3.0~4.0	3.0~4.5	3.5~5.0	4.0~5.0	4.0~5.5
120.0~250.0					3.5~4.5	2.7~4.0	3.0~4.0	3.5~4.0	3.5~4.5	4.0~5.0	4.0~5.5	4.5~6.0
					4.0~5.5	2.7~4.0	3.0~4.0	3.5~4.5	3.5~4.5	4.0~5.0	4.5~5.5	4.5~6.0

注:本表适用于在热模锻压力机、模锻锤、平锻机及螺旋压力机上生产的模锻件。

例:当锻件质量为 3 kg,零件表面粗糙度 $Ra=3.2$ μm,锻件复杂系数为 S_3,锻件长度为 480 mm 时查出该锻件余量,厚度方向为 1.7~2.2 mm,水平方向为 2.0~2.7 mm。

表 5.2　锻件内孔直径的单面机械加工余量　　　　　　　　　　　　　　　　mm

孔径	孔深				
	0～63	63～100	100～140	140～200	200～280
≤25	2.0	—	—	—	—
25～40	2.0	2.6	—	—	—
40～63	2.0	2.6	3.0	—	—
63～100	2.5	3.0	3.0	4.0	—
100～160	2.6	3.0	3.4	4.0	4.6
160～250	3.0	3.0	3.4	4.0	4.6

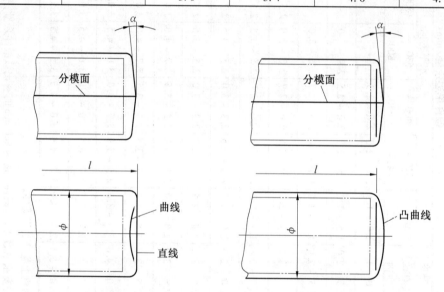

图 5.1　第 1 种脱模斜度设计方法　　　　图 5.2　第 2 种脱模斜度设计方法

5.2.2　长轴类圆柱体锻件端头曲面体体积的计算

1. 第 1 种曲面体体积 $V_{端}$ 的计算

第 1 种端部曲面体,即从分模面上引脱模线所形成的曲面体,如图 5.3 所示。

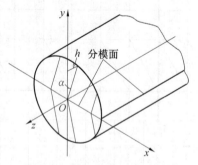

图 5.3　第 1 种曲面体示意图

表 5.3　模锻件长度、宽度、高度公差及错差、残留飞边公差（普通级）

残留飞边公差/mm		错差/mm	分模线		锻件质量/kg	材质系数 M_1 M_2	形状复杂系数 S_1 S_2 S_3 S_4	锻件基本尺寸/mm 公差值及极限偏差/mm								
对称	非对称		平直或对称	按竖线查表				0~30	30~80	80~120	120~180	180~315	315~500	500~800	800~1250	1250~2500
0.4	0.5				0~0.4			$1.1^{+0.8}_{-0.3}$								
0.5	0.6				0.4~1.0			$1.2^{+0.8}_{-0.4}$	$1.2^{+0.8}_{-0.4}$	$1.4^{+1.0}_{-0.4}$	$1.6^{+1.0}_{-0.5}$	$1.8^{+1.2}_{-0.6}$				
0.6	0.7				1.0~1.8			$1.4^{+1.0}_{-0.4}$	$1.4^{+1.0}_{-0.4}$	$1.6^{+1.1}_{-0.5}$	$1.8^{+1.2}_{-0.6}$	$2.0^{+1.4}_{-0.6}$	$2.2^{+1.5}_{-0.7}$			
0.8	0.8				1.8~3.2			$1.6^{+1.1}_{-0.5}$	$1.6^{+1.1}_{-0.5}$	$1.8^{+1.2}_{-0.6}$	$1.8^{+1.2}_{-0.6}$	$2.0^{+1.4}_{-0.6}$	$2.2^{+1.5}_{-0.7}$			
1.0	1.0				3.2~5.6			$1.8^{+1.2}_{-0.6}$	$1.8^{+1.2}_{-0.6}$	$2.0^{+1.4}_{-0.6}$	$2.0^{+1.4}_{-0.6}$	$2.2^{+1.5}_{-0.7}$	$2.5^{+1.7}_{-0.8}$	$2.8^{+1.9}_{-0.9}$		
1.2	1.2				5.6~10			$2.0^{+1.4}_{-0.6}$	$2.0^{+1.4}_{-0.6}$	$2.2^{+1.5}_{-0.7}$	$2.2^{+1.5}_{-0.7}$	$2.5^{+1.7}_{-0.8}$	$2.5^{+1.7}_{-0.8}$	$2.8^{+1.9}_{-0.9}$	$3.2^{+2.1}_{-1.1}$	
1.2	1.4				10~20			$2.2^{+1.5}_{-0.7}$	$2.2^{+1.5}_{-0.7}$	$2.5^{+1.7}_{-0.8}$	$2.5^{+1.7}_{-0.8}$	$2.8^{+1.9}_{-0.9}$	$2.8^{+1.9}_{-0.9}$	$3.2^{+2.1}_{-1.1}$	$3.6^{+2.4}_{-1.2}$	
1.4	1.4				20~50			$2.5^{+1.7}_{-0.8}$	$2.5^{+1.7}_{-0.8}$	$2.8^{+1.9}_{-0.9}$	$2.8^{+1.9}_{-0.9}$	$3.2^{+2.1}_{-1.1}$	$3.2^{+2.1}_{-1.1}$	$3.6^{+2.4}_{-1.2}$	$4.0^{+2.7}_{-1.3}$	$4.5^{+3.0}_{-1.5}$
1.6	1.7				50~120			$2.8^{+1.9}_{-0.9}$	$2.8^{+1.9}_{-0.9}$	$3.2^{+2.1}_{-1.1}$	$3.2^{+2.1}_{-1.1}$	$3.6^{+2.4}_{-1.2}$	$3.6^{+2.4}_{-1.2}$	$4.0^{+2.7}_{-1.3}$	$4.5^{+3.0}_{-1.5}$	$5.0^{+3.3}_{-1.7}$
1.8	2.0				120~250			$3.2^{+2.1}_{-1.1}$	$3.2^{+2.1}_{-1.1}$	$3.6^{+2.4}_{-1.2}$	$3.6^{+2.4}_{-1.2}$	$4.0^{+2.7}_{-1.3}$	$4.0^{+2.7}_{-1.3}$	$4.5^{+3.0}_{-1.5}$	$5.0^{+3.3}_{-1.7}$	$5.6^{+3.8}_{-1.8}$
2.0	2.4							$3.6^{+2.4}_{-1.2}$	$3.6^{+2.4}_{-1.2}$	$4.0^{+2.7}_{-1.3}$	$4.0^{+2.7}_{-1.3}$	$4.5^{+3.0}_{-1.5}$	$4.5^{+3.0}_{-1.5}$	$5.0^{+3.3}_{-1.7}$	$5.6^{+3.8}_{-1.8}$	$6.3^{+4.2}_{-2.1}$
2.4	2.8							$4.0^{+2.7}_{-1.3}$	$4.0^{+2.7}_{-1.3}$	$4.5^{+3.0}_{-1.5}$	$4.5^{+3.0}_{-1.5}$	$5.0^{+3.3}_{-1.7}$	$5.0^{+3.3}_{-1.7}$	$5.6^{+3.8}_{-1.8}$	$6.3^{+4.2}_{-2.1}$	$7.0^{+4.7}_{-2.3}$
									$5.0^{+3.3}_{-1.7}$	$5.6^{+3.8}_{-1.8}$	$5.6^{+3.8}_{-1.8}$	$6.3^{+4.2}_{-2.1}$	$6.3^{+4.2}_{-2.1}$	$7.0^{+4.7}_{-2.3}$	$8.0^{+5.3}_{-2.7}$	$9.0^{+6.0}_{-3.0}$
										$6.3^{+4.2}_{-2.1}$	$7.0^{+4.7}_{-2.3}$	$7.0^{+4.7}_{-2.3}$	$8.0^{+5.3}_{-2.7}$	$8.0^{+5.3}_{-2.7}$	$9.0^{+6.0}_{-3.0}$	$10^{+6.5}_{-3.5}$
										$7.0^{+4.7}_{-2.3}$	$8.0^{+5.3}_{-2.7}$	$8.0^{+5.3}_{-2.7}$	$9.0^{+6.0}_{-3.0}$	$9.0^{+6.0}_{-3.0}$	$10^{+6.5}_{-3.5}$	$11^{+7.5}_{-3.5}$
												$9.0^{+6.0}_{-3.0}$	$10^{+6.5}_{-3.5}$	$10^{+6.5}_{-3.5}$	$11^{+7.5}_{-3.5}$	$12^{+8.0}_{-4.0}$
														$11^{+7.5}_{-3.5}$	$12^{+8.0}_{-4.0}$	$13^{+9.0}_{-4.0}$

注：锻件的高度或台阶尺寸及中心到边缘尺寸公差，按 ±1/2 的比例分配。内表面尺寸公差，正负符号与表中相反。

例：当锻件质量为 6 kg，材质系数为 M_1，锻件复杂系数为 S_2，锻件尺寸为 160 mm，平直分模线时各公差查法。

表 5.4 模锻件厚度公差及顶料杆压痕公差（普通级）

顶料杆压痕极限偏差/mm +(凸)-(凹)	锻件质量/kg		材质系数 M_1 M_2	形状复杂系数 S_1 S_2 S_3 S_4	锻件基本尺寸/mm 公差值及极限偏差/mm						
					0~18	18~30	30~50	50~80	80~120	120~180	180~315
0.8	0	0.4			$1.0^{+0.8}_{-0.2}$	$1.1^{+0.8}_{-0.3}$	$1.2^{+1.0}_{-0.4}$	$1.4^{+1.1}_{-0.4}$	$1.6^{+1.2}_{-0.4}$	$1.8^{+1.4}_{-0.4}$	$2.0^{+1.5}_{-0.5}$
1.0	0.4	1.0			$1.1^{+0.8}_{-0.3}$	$1.2^{+0.8}_{-0.4}$	$1.4^{+1.0}_{-0.4}$	$1.6^{+1.2}_{-0.4}$	$1.8^{+1.4}_{-0.4}$	$2.0^{+1.5}_{-0.5}$	$2.2^{+1.7}_{-0.5}$
1.2	1.0	1.8			$1.2^{+0.8}_{-0.4}$	$1.4^{+1.0}_{-0.4}$	$1.6^{+1.2}_{-0.4}$	$1.8^{+1.4}_{-0.4}$	$2.0^{+1.5}_{-0.5}$	$2.2^{+1.7}_{-0.5}$	$2.5^{+2.0}_{-0.5}$
1.5	1.8	3.2			$1.4^{+1.0}_{-0.4}$	$1.6^{+1.2}_{-0.4}$	$1.8^{+1.4}_{-0.4}$	$2.0^{+1.5}_{-0.5}$	$2.2^{+1.7}_{-0.5}$	$2.5^{+2.0}_{-0.5}$	$2.8^{+2.1}_{-0.7}$
1.8	3.2	5.6			$1.6^{+1.2}_{-0.4}$	$1.8^{+1.4}_{-0.4}$	$2.0^{+1.5}_{-0.5}$	$2.2^{+1.7}_{-0.5}$	$2.5^{+2.0}_{-0.5}$	$2.8^{+2.1}_{-0.7}$	$3.2^{+2.4}_{-0.8}$
2.2	5.6	10			$1.8^{+1.4}_{-0.4}$	$2.0^{+1.5}_{-0.5}$	$2.2^{+1.7}_{-0.5}$	$2.5^{+2.0}_{-0.5}$	$2.8^{+2.1}_{-0.7}$	$3.2^{+2.4}_{-0.8}$	$3.6^{+2.7}_{-0.9}$
2.8	10	20			$2.0^{+1.5}_{-0.5}$	$2.2^{+1.7}_{-0.5}$	$2.5^{+2.0}_{-0.5}$	$2.8^{+2.1}_{-0.7}$	$3.2^{+2.4}_{-0.8}$	$3.6^{+2.7}_{-0.9}$	$4.0^{+3.0}_{-1.0}$
3.5	20	50			$2.2^{+1.7}_{-0.5}$	$2.5^{+2.0}_{-0.5}$	$2.8^{+2.1}_{-0.7}$	$3.2^{+2.4}_{-0.8}$	$3.6^{+2.7}_{-0.9}$	$4.0^{+3.0}_{-1.0}$	$4.5^{+3.4}_{-1.1}$
4.5	50	120			$2.8^{+2.1}_{-0.7}$	$3.2^{+2.4}_{-0.8}$	$3.6^{+2.7}_{-0.9}$	$4.0^{+3.0}_{-1.0}$	$4.5^{+3.4}_{-1.1}$	$5.0^{+3.8}_{-1.2}$	$5.0^{+3.8}_{-1.2}$
6.0	120	250			$3.6^{+2.7}_{-0.9}$	$4.0^{+3.0}_{-1.0}$	$4.5^{+3.4}_{-1.1}$	$5.0^{+3.8}_{-1.2}$	$5.6^{+4.2}_{-1.4}$	$5.6^{+4.2}_{-1.4}$	$5.6^{+4.2}_{-1.4}$
					$4.5^{+3.4}_{-1.1}$	$5.0^{+3.8}_{-1.2}$	$5.6^{+4.2}_{-1.4}$	$6.3^{+4.8}_{-1.5}$	$6.3^{+4.8}_{-1.5}$	$6.3^{+4.8}_{-1.4}$	$6.3^{+4.8}_{-1.5}$
					$5.0^{+3.8}_{-1.2}$	$5.6^{+4.2}_{-1.4}$	$6.3^{+4.8}_{-1.5}$	$7.0^{+5.3}_{-1.7}$	$7.0^{+5.3}_{-1.7}$	$7.0^{+5.3}_{-1.7}$	$7.0^{+5.3}_{-1.7}$
								$8.0^{+6.0}_{-2.0}$	$8.0^{+6.0}_{-2.0}$	$8.0^{+6.0}_{-2.0}$	$8.0^{+6.0}_{-2.0}$
									$9.0^{+6.8}_{-2.2}$	$9.0^{+6.8}_{-2.2}$	$9.0^{+6.8}_{-2.2}$
											$10.0^{+7.5}_{-2.5}$

注：上下偏差也可按 +2/3、-1/3 比例分配。

例：当锻件质量为 3 kg，材质系数为 M_1，形状复杂系数为 S_3，最大厚度尺寸为 45 mm 时各类公差查看。

表 5.5　模锻件中心距公差

中心距/mm	大于	0	30	80	120	180	250	315	400	500	630	800	1 000	1 250	1 600	2 000
	至	30	80	120	180	250	315	400	500	630	800	1 000	1 250	1 600	2 000	2 500
一般锻件 N_1																
有一道校正或压印工序 N_2																
同时有校正和压印工序 N_3																
极限偏差/mm	普通级	±0.3	±0.4	±0.5	±0.6	±0.8	±1.0	±1.2	±1.6	±2.0	±2.5	±3.2	±4.0	±5.0	±6.0	
	精密级	±0.25	±0.3	±0.4	±0.5	±0.6	±0.8	±1.0	±1.2	±1.6	±2.0	±2.5	±3.2	±4.0	±5.0	

例:当锻件长度尺寸为 300 mm,该零件只有一道校正或压印工序,其中心距尺寸普通级极限偏差为 ±1.0 mm,精密级为 ±0.8 mm。

表 5.6　模锻件的外模锻斜度

	H/B				
L/B	≤1	1~3	3~4.5	4.5~6.5	>6.5
≤1.5	5°	7°	10°	12°	15°
>1.5	5°	5°	7°	10°	12°

表 5.7　圆角半径

H/B	r/mm	R/mm
≤2	$0.05H+0.5$	$2.5r+0.5$
2~4	$0.06H+0.5$	$3.0r+0.5$
≥4	$0.07H+0.5$	$3.5r+0.5$

表 5.8　平底连皮的 s 和 R_1

锻锤吨位/t	1~2	3~5	10
s/mm	4~6	5~8	10~12
R_1/mm	5~8	6~10	8~20

对第 1 种曲面体的描述如下:

(1) 此曲面体底面是半径为 R 的圆,高为 h,且 $h = R\tan \alpha$。

(2) 作一底面半径为 R、高为 h 的圆柱体,则此圆柱体即为此曲面体的包容体 $V_包$,且有:

$$V_包 = \pi R^2 h = \pi R^3 \tan \alpha \tag{5.1}$$

(3) 用与平面 yOx 成 α 角的两个平面,从 x 轴分别对圆柱体截去两个完全相同的曲面体 V_1(见图 5.4),即得到所求的曲面体体积 $V_端$:

$$V_端 = V_包 - 2V_1 \tag{5.2}$$

式中　$V_端$—— 从分模面引脱模线所得的端头体体积;

$V_包$—— 包容体体积;

V_1—— 从包容体截去的假想体的体积。

采用微积分方法推导出 V_1 的计算公式为

$$V_1 = \frac{2}{3}R^3 \tan \alpha \tag{5.3}$$

由式(5.1)、式(5.2)和式(5.3),得

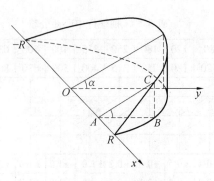

图 5.4　曲面体 V_1 示意图

$$V_{端} = V_{包} - 2V_1 = \pi R^3 \tan\alpha - 2 \times \frac{2}{3}R^3 \tan\alpha$$

$$\approx 1.81 R^3 \tan\alpha$$

$$= 0.226 D^3 \tan\alpha \tag{5.4}$$

式中　α——脱模斜度；

　　　D——锻件端面直径。

式(5.4)即为从分模线上引脱模线得到的曲面体体积的计算公式。

2. 第 2 种曲面体体积 $V'_{端}$ 的计算

第 2 种圆柱体端部曲面体，即从圆柱体端头向分模面引脱模线所形成的曲面体，可用图 5.5 表示，对此曲面体 $V'_{端}$ 可作如下数学描述。

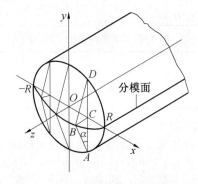

图 5.5　第 2 种曲面体示意图

底面是半径为 R 的圆，而垂直于底面上一条固定直径的所有截面皆为等腰三角形，且底角为 α，此立体的体积为 $V'_{端}$。采用微积分方法，推导出 $V'_{端}$ 的计算公式为

$$V'_{端} = \frac{4}{3} R^3 \tan\alpha$$

$$\approx 0.166\ 7 D^3 \tan\alpha \tag{5.5}$$

式(5.5)即为从锻件端面向分模面引脱模线，得到的曲面体体积的计算公式。

5.3　锻模标准

5.3.1　模块标准

1. 锻钢模块

锻钢模块如图 5.6 所示,其截面规格标准见表 5.9。

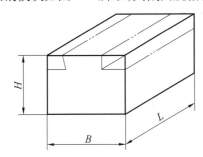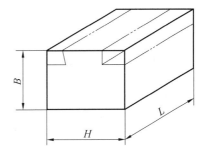

图 5.6　锻钢模块尺寸

表 5.9　锻钢模块截面规格标准(摘自 GB/T 11880—2008)　　mm

H	B															
	250	300	350	400	450	500	550	600	650	700	750	800	850	900	950	1000
250	×	×	×	×	×											
275		×	×	×	×	×										
300		×	×	×	×	×	×									
325		×	×	×	×	×	×	×								
350			×	×	×	×	×	×	×							
375				×	×	×	×	×	×	×						
400					×	×	×	×	×	×						
425								×	×	×	×	×	×		×	
450									×	×	×	×				
475										×		×		×		×
500									×	×	×	×	×	×	×	×

注:1. 方框内有标记"×"为可选规格。
　2. 摘自《模锻饱和大型机械锻压机用模块技术条件》(GB/T 11880—2008)。

长度 L 系列:当 L 为 200～700 mm 时,以 25 mm 间隔选取,如 200 mm、225 mm、250 mm、275 mm 等;当 L > 700 mm 时,以 50 mm 间隔选取。

2. 铸钢与铸钢堆焊模块

长、宽、高的尺寸可按 25 mm 的间隔选取,不受国家标准限制,根据本厂实际情况自行决定。

5.3.2 燕尾、锤楔、键块、垫块与中间模座设计

根据模锻锤安装锻模的空间尺寸(图5.7和表5.10)设计出锻模燕尾部分尺寸(图5.8与表5.11),紧固锻模用的上下锤楔尺寸(图5.9、图5.10与表5.12)、键块尺寸(图5.11与表5.13)和垫片尺寸(图5.12与表5.14)。当锻模经多次修理后,使上、下模总高度低于允许的最小高度 H_{min} 时,可增设中间模座,以增高锻模的总高度。将中间模座紧固于锤头与上模之间时,应在上模和中间模座的质量之和不超过锻锤公称吨位的35%时应用。中间模座也可紧固

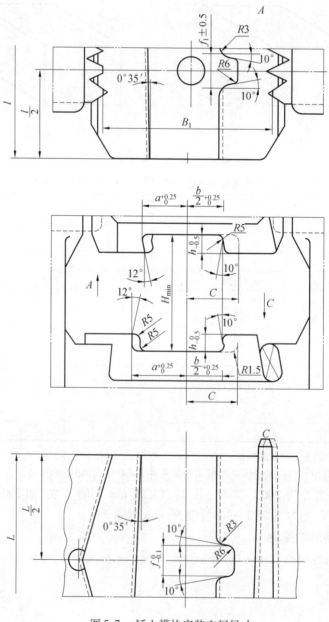

图 5.7 锤上模块安装空间尺寸

在下模座与下模之间。中间模座一般仅应用一个,不要上、下都用。中间模座的尺寸设计参考图5.13,其模块尺寸见表5.15,其燕尾部分尺寸见表5.11。

表5.10 模锻锤安装锻模的空间尺寸

锻锤吨位/t	上模最大质量 m_{max}/kg	锻模最小闭合高度 H_{min}/mm	最大行程 H_{max}/mm	导轨间距 B_1/mm	锤头长度 l/mm	砧座长度 L/mm	燕尾槽尺寸/mm			键槽尺寸/mm		
							$b/2$	a	h	锤头 $f_1 \pm 0.5$	砧座 $f_1{}^{0}_{-0.1}$	C
0.5	170	270	1 000	400	350	600	80	115	45	76	72	121
1	350	320	1 200	500	450	700	100	140	50	84	80	143
1.5	525	360	1 200	550	600	800	100	140	50	84	80	143
2	700	360	1 200	600	700	900	100	140	50	84	80	143
3	1 050	480	1 250	700	800	1000	150	200	65	116	110	204
5	1 750	530	1 300	750	1 000	1 200	150	200	65	116	110	204
10	3 500	610	1 400	1 000	1 200	1 400	200	260	80	140	132	264
16	5 250	660	1 500	1 200	2 000	2 100	200	260	80	140	132	264

注:1. m_{max}——上模最大质量,超过表列质量者不推荐。

2. H_{max}——在锻模闭合高度为 H_{min} 时的锤头最大行程。

3. 表中所列 H_{max}、H_{min}、B_1、l 及 L 数据,均根据《模锻锤型式与基本参数》(JB/T 1843—2010)标准所取。

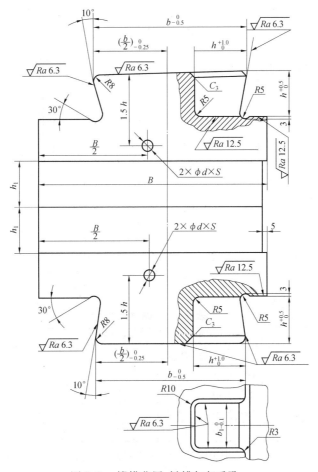

图5.8 锻模燕尾、键槽与起重孔

表 5.11 锤锻模燕尾尺寸

锻锤吨位/t	b/mm	h/mm	b_1/mm			锻锤吨位/t	b/mm	h/mm	b_1/mm		
			1#	2#	3#				1#	2#	3#
0.5	160	45.5	45	48	51	3~5	300	65.5	75	78	81
1	200	50.5	50	53	56	10~16	400	80.5	100	103	106
2	200(260)	50.5	50	53	56						

注:1. 在初制键槽或焊后再加以铣制时,宽度 b_1 采取第一栏(1#)的数值;在用铣制法修复时,应视磨损情况而采用第二栏(2#)的数值。

2. 2 t 锤燕尾宽度有些厂采用 260 mm,以增大锻模承受偏载的能力。

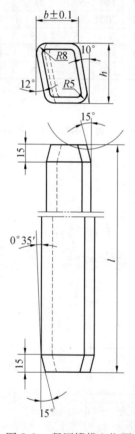

图 5.9 紧固锻模上楔图

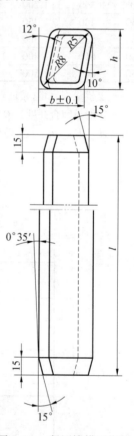

图 5.10 紧固锻模下楔图

表 5.12 锤楔尺寸

锻锤吨位/t	h/mm	上模		下模		锻锤吨位/t	h/mm	上模		下模	
		b/mm	l/mm	b/mm	l/mm			b/mm	l/mm	b/mm	l/mm
0.5	45	35.8	480	35.7	700	3	65	50.8	930	50.7	1 100
1	50	40.8	580	40.7	800	5	65	50.8	1 130	50.7	1 300
1.5	50	40.8	730	40.7	900	10	80	60.8	1 330	60.7	1 500
2	50	40.8	830	40.7	1 000	16	80	60.8	2 130	60.7	2 200

注:材料为 45 钢,中间部分硬度为 HBW207~255,两端硬度为 HBW241~285。

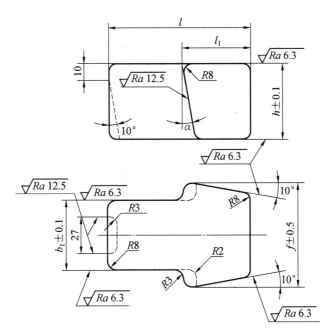

图 5.11　锻模定位键块

表 5.13　定位键块尺寸

锻锤吨位 /t	f/mm	h/mm	l/mm	l_1/mm	b_1/mm		
					1#	2#	3#
0.5	72	45	90	46	44.9	47.9	50.9
1 ~ 2	80	50	97	48	49.9	52.9	56.9
3 ~ 5	110	65	123	62.5	74.9	77.9	80.9
10 ~ 16	132	80	148	75	99.9	102.9	105.9

注:1. 锐缘用 2 mm 半径倒圆。

2. 材料为 45 钢,硬度为 HBW241 ~ 285。

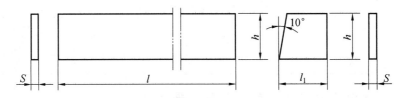

图 5.12　垫片

表 5.14　垫片尺寸

锻锤吨位 /t	h/mm	l/mm	l_1/mm	锻锤吨位 /t	h/mm	l/mm	l_1/mm
0.5	45	300 ~ 400	41	3 ~ 5	65	550 ~ 1 150	54
1 ~ 2	50	400 ~ 750	43	10 ~ 16	80	750 ~ 2 000	64

注:1. 垫片厚度 S = 0.5 mm、0.75 mm、1 mm、2 mm、3 mm、5 mm。

2. 材料为 35 钢、40 钢、45 钢。

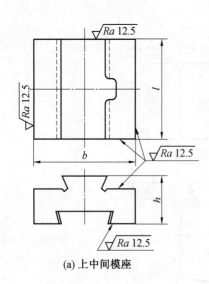 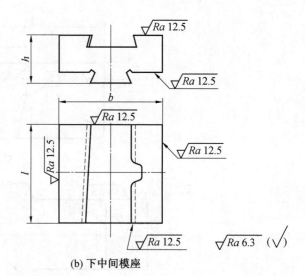

(a) 上中间模座   (b) 下中间模座

图 5.13   中间模座

表 5.15   中间模座尺寸

锻锤吨位 /t	b/mm	l/mm	h/mm
0.5	370	290	210
1 ~ 2	430	480	225
3	590	690	270

注：材料为 40Cr，硬度为 HBW321 ~ 363。

5.3.3 起重孔的设计

起重孔的设计如图 5.8 所示。起重孔的直径 d 与深度 S 由表 5.16 选定。

起重孔位置应按模块中心线制造，偏差不大于 10 mm，锻模质量超过 800 kg 时，应在锻模两侧面各增加两个起重孔。

表 5.16   锻模起重孔尺寸

锻锤吨位 /t	d/mm	S/mm
0.5 ~ 5	30	60
10 ~ 16	50	100

5.3.4 锻模主要尺寸公差与表面粗糙度

1. 模膛尺寸公差

锻模模膛尺寸公差可按工厂规定的技术条件执行，设计时一般在锻模图纸中不注出。表 5.17 中模膛深度公差是指上下模分别测量的公差。

表 5.17　锻模模膛尺寸公差表　　　　　　　　　　　　　　　　　　　　　mm

尺寸	公差								
	终锻模膛			预锻模膛			制坯模膛		
	深度	宽度（直径）	长度	深度	宽度（直径）	长度	深度	宽度（直径）	长度
≤20	+0.2 -0.1	+0.3 -0.1	—	+0.3 -0.2	+0.5 -0.2	—	±0.5	+2.0 -1.0	—
21~50	+0.25 -0.15	+0.4 -0.2	+0.4 -0.2	+0.4 -0.2	+0.6 -0.3	+0.6 -0.3	±0.6	+3.0 -1.5	±1.0
51~80	+0.3 -0.2	+0.5 -0.3	+0.5 -0.2	+0.5 -0.3	+0.7 -0.4	+0.7 -0.4	±0.8	+3.0 -1.5	±1.2
81~160	+0.4 -0.3	+0.6 -0.3	+0.5 -0.3	+0.6 -0.3	+0.8 -0.4	+0.8 -0.4	±1.0	+4.0 -2.0	±1.5
161~260	—	+0.6 -0.4	+0.6 -0.3	—	+1.0 -0.5	+1.0 -0.5	—	+5.0 -2.0	±1.8
261~360	—	+0.7 -0.5	+0.7 -0.3	—	+1.0 -0.5	+1.0 -0.5	—	—	±2.0
361~500	—	—	+0.8 -0.4	—	—	+1.2 -0.5	—	—	±2.5
>500	—	—	+0.8 -0.5	—	—	+1.2 -0.5	—	—	±3.0

2. 锻模与模膛表面粗糙度

锤锻模与模膛表面粗糙度一般在锻模图样中不注出，可按图 5.14 ~ 5.17 所示的表面粗糙度要求进行加工。

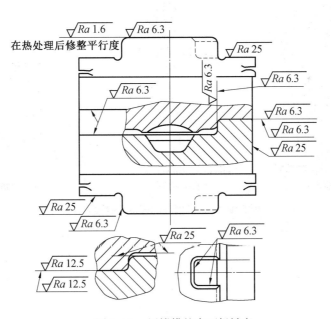

图 5.14　锤锻模的表面粗糙度

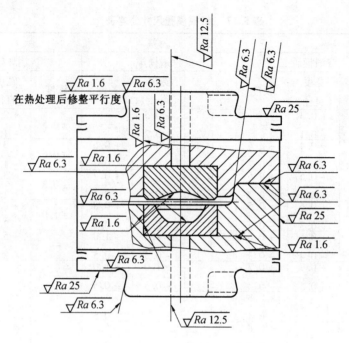

图 5.15 镶块模的表面粗糙度

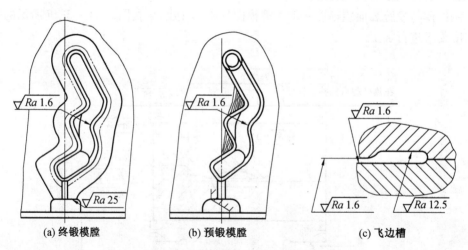

(a) 终锻模膛 (b) 预锻模膛 (c) 飞边槽

图 5.16 锻模模膛的表面粗糙度

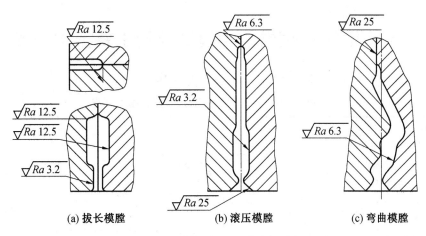

图 5.17 制坯模膛的表面粗糙度

5.4 锤用锻模的材料及其硬度

锤用锻模的材料及其硬度见表 5.18。

表 5.18 锤用锻模的材料及其硬度

锻模种类	锻模或零件名称	锻模材料 主要材料	锻模材料 代用材料	锻模硬度 模膛表面 HBW	锻模硬度 模膛表面 HRC	锻模硬度 燕尾部分 HBW	锻模硬度 燕尾部分 HRC
锻钢锻模	小型锻模(<1 t锤用)	5CrNiMo	5CrMnMo	387~444[①] 364~415[②]	42~47[①] 39~44[②]	321~364	35~39
锻钢锻模	中小型锻模(1~2 t锤用)	5CrNiMo	5CrMnMo	364~415[①] 340~387[②]	39~44[①] 37~42[②]	302~340	32~37
锻钢锻模	中型锻模(3~5 t锤用)	5CrNiMo	5CrMnMo	321~364	35~39	286~321	30~35
锻钢锻模	大型锻模(>5 t锤用)	5CrNiMo	5CrMnMo	302~340	32~37	269~321	28~35
锻钢锻模	校正模	5CrMnSiMoV	5Cr2NiMoVSi[③]	390~460	42~47	302~340	32~37
镶块锻模	模体	ZG50Cr	ZG40Cr	硬度要求与锻钢锻模相同			
镶块锻模	镶块	5CrNiMo、5CrMnSiMoV、3Cr2W8V	5CrMnMo、5CrMnSi	硬度要求与锻钢锻模相同			
铸钢堆焊锻模	模体	ZG45Mn2	—	硬度要求与锻钢锻模相同			
铸钢堆焊锻模	堆焊材料	5CrNiMo、5CrMnMo	—	硬度要求与锻钢锻模相同			

注:① 用于模膛浅、形状简单的锻模。
② 用于模膛深、形状复杂的锻模。
③ 模块截面尺寸小于 300 mm × 300 mm 时,硬度为 HBW375 ~ 429;模块截面尺寸大于等于 300 mm × 300 mm 时,硬度为 HBW350 ~ 388。

5.5 蒸汽-空气两用模锻锤的主要技术参数

蒸汽-空气两用模锻锤的主要技术参数见表5.19。

表5.19 蒸汽-空气两用模锻锤的主要技术参数

落下部分质量/t	1	2	3	5	10	16
最大打击能量/kJ	25	50	75	125	250	400
锤头最大行程/mm	1 200	1 200	1 250	1 300	1 400	1 500
锻模最小闭合高度（不算燕尾）/mm	220	260	350	400	450	500
导轨间距离/mm	500	600	700	750	1 000	1 200
锤头前后方向长度/mm	450	700	800	1 000	1 200	2 000
模座前后方向长度/mm	700	900	1 000	1 200	1 400	2 110
打击次数/(次/min)	80	70	—	60	50	40
蒸汽绝对压力/10^5Pa	6~8	6~8	7~9	7~9	7~9	7~9
蒸汽允许温度/℃	—	200	200	200	200	200
砧座质量/t	20.25	40.0	51.4	112.55	235.53	325.85
总质量(不带砧座)/t	11.6	17.9	26.34	43.79	75.74	96.24
外形尺寸(前后×左右×地面上高)/mm	1 330×2 380×5 051	1 670×2 960×5 418	1 800×3 260×6 035	2 090×3 700×6 560	2 700×4 400×7 460	2 800×4 500×7 894

5.6 切边曲柄压力机的主要技术参数

切边曲柄压力机的主要技术参数见表5.20。

表5.20 切边曲柄压力机的主要技术参数

公称压力/kN	型号	结构形式	滑块行程/mm	行程次数/(次·min^{-1})	最大闭合高度/mm
630	J21-63	开式固定台	100	45	400
630	JA23-63	开式可倾	100	45	410
800	JH21-80	开式固定台	160	40	320
800	J23-80	开式可倾	115	45	380
1 000	JH21-100	开式固定台	130	38	360
1 000	J23-100	开式可倾	130	38	480
1 250	J21-125	开式固定台	130	38	480
1 250	JA23-125	开式可倾	140	33	430
1 250	J37-125	切边压力机	160	50	550
1 600	JA21-160	开式固定台	160	40	450
1 600	JB23-160	开式可倾	160	40	450
1 600	JA31-160A	闭式单点	160	32	480
2 000	J37-200	切边压力机	200	45	600
2 000	ADP-200	切边压力机	160	60	500

续表5.20

公称压力/kN	型号	结构形式	滑块行程/mm	行程次数/(次·min^{-1})	最大闭合高度/mm
2 500	J31－250B	闭式单点	160	32	480
3 150	J31－315B	闭式单点	315	20	630
3 150	J37－315A	切边压力机	250	40	650
3 150	ADP－315	切边压力机	200	50	530
4 000	J31－400B	闭式单点	400	20	710
5 000	JA33－500	切边压力机	400	12	700
6 300	JA31－630B	闭式单点	400	12	900
8 000	JD31－800	闭式单点	500	10	900
8 000	ADWP－800	切边压力机	400	30	750
12 500	J81－1250	切边压力机	—	8	800
12 500	S_1－1250/1	闭式单点	500	10	950
20 000	S_1－2000/1	闭式单点	500	9	800

第6章 锤用锻模设计举例

本章以长轴类锻件锤上模锻的设计过程和工艺流程的编制为例,其他类型的锤用锻模设计请参考相关资料。

6.1 锻件设计

本例是连杆零件的锻模设计,图6.1是连杆的冷锻件图。热锻件图是根据冷锻件图确定的,在冷锻件图的尺寸上增加1.5%的冷缩率即为热锻件图尺寸,绘制的热锻件图如图6.2所示。

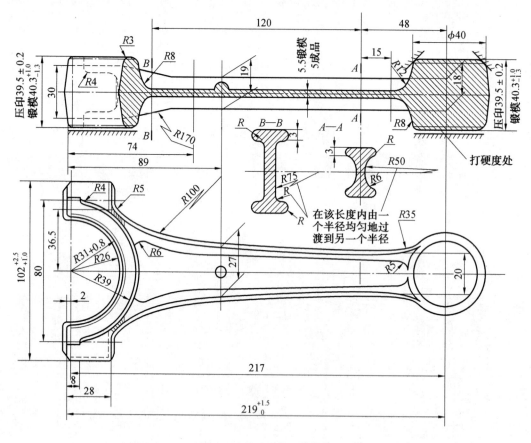

图6.1 连杆(冷)锻件图

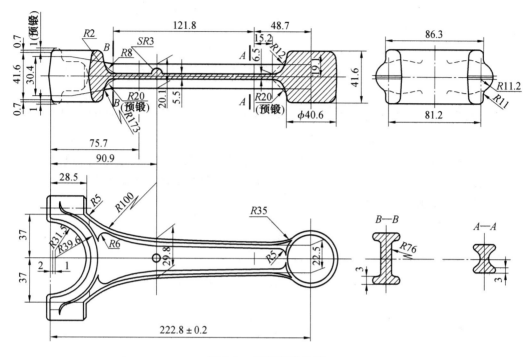

图 6.2　连杆热锻件图

6.2　锻件主要参数的计算

(1) 锻件在分模面上的投影面积 $S_分 = 8\,000\ \text{mm}^2$。
(2) 锻件周边长度 $L_周 = 680\ \text{mm}$。
(3) 锻件体积 $V_锻 = 184\,000\ \text{mm}^3$。
(4) 锻件质量 $m_锻 = 0.184 \times 7.85\ \text{kg} = 1.44\ \text{kg}$。

6.3　锻锤吨位的确定

双作用模锻锤吨位 m 的计算式为

$$m = (3.5 \sim 6.3)KS \tag{6.1}$$

式中　m——模锻锤落下部分质量，kg；
　　　K——材料系数；
　　　S——锻件、冲孔连皮和飞边槽（仓部按 1/2 计算）的水平投影面积，cm^2。

由式（6.1）可知，总变形面积为锻件在分模面上的投影面积与飞边（飞边仓部按 50% 计算）在分模面上投影面积之和，查表 3.1，按 1～2 t 锤飞边槽尺寸，飞边宽度为 $b + b_1/2 = 8 + 30/2 = 23\ \text{mm}$，则总变形面积 $S = 8\,000 + 680 \times 23 = 23\,640\ \text{mm}^2$。

按式（6.1）确定双作用模锻锤的吨位，公式中系数取大值，查《体积成形原理与方法》教材中的表 4.9，材料系数 $K = 1.0$，则双作用模锻锤吨位的计算式（6.1）变为

$$m = 6.3KS = 6.3 \times 1 \times 236.4 \approx 1\,500\,(\text{kg})$$

故选用 1.5 t 模锻锤。

6.4 飞边槽的形式和尺寸确定

选用图 3.5 中 Ⅰ 型飞边槽,其尺寸按表 3.1 确定。选定飞边槽的尺寸为 $h_{飞} = 1.6$ mm、$h_1 = 4$ mm、$b = 8$ mm、$b_1 = 28$ mm、$R = 1$ mm,经计算得 $S_{飞边槽} = 144$ mm²。

因锻件杆部断面积较小,考虑到拔长难以达到最小断面积,需增大飞边槽仓部宽度 b_1,大头部分叉口较宽、分料困难,流入飞边槽的金属较少,则该处 b_1 减小到 12 mm。使模膛安排紧凑且增加了承击面积。

锻件飞边的平均截面积为

$$S_{飞边} = 0.75 S_{飞边槽} = 0.75 \times 144 = 108\,(\text{mm}^2)$$

飞边体积为

$$V_{飞边} = 680 \times 108 = 73\,440\,(\text{mm}^3)$$

6.5 计算毛坯图绘制

毛坯图按热锻件图上的尺寸计算,以便设计滚压模膛。

计算毛坯的长度 $L_{计} = 248$ mm。

截面图曲线下的整个面积为计算毛坯的体积(锻件与飞边体积之和),即

$$V_{计} = V_{锻} + V_{飞边} = (184\,000 + 73\,440) = 257\,440\,(\text{mm}^3)$$

计算毛坯的平均截面积 $S_{均} = 257\,440 \div 248 \approx 1\,038\,(\text{mm}^2)$。

计算毛坯的平均截面边长 $a_{均} = \sqrt{S_{均}} = 32.2$ mm。

计算毛坯的各截面面积 $S_{计} = S_{锻} + 2S_{飞边}$。

计算毛坯的各截面边长 $a_{计}$。

计算结果见表 6.1。

表 6.1 计算毛坯的数据

断面编号	$S_{锻}$/mm²	$2S_{飞边}$/mm²	$S_{计} = S_{锻} + 2S_{飞边}$/mm²	$a_{计} = \sqrt{S_{计}}$/mm
1	1 710	216	1 926	43.9
2	1 600	216	1 816	42.6
3	2 540	216	2 756	52.5
4	286	216	502	22.4
5	250	216	466	21.6
6	340	216	556	23.6
7	2 500	216	2 716	52.1

根据表 6.1 中计算毛坯的数据,做出计算毛坯的截面图(6.3(b))及具有方形截面的计算毛坯图,如图 6.3(c)所示。

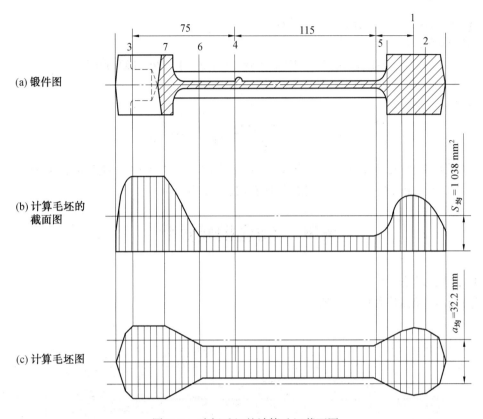

图 6.3 连杆毛坯的计算毛坯截面图

6.6 模锻工步选择

由于连杆锻件的截面是变化的,并且要求杆部表面光滑,为模锻时便于充满模膛,希望模锻前毛坯的大头部分是方形,小头部分是圆柱体,因此采用方形毛坯,先拔长,后开式滚压。

这种连杆的尺寸较小,但工字形断面部分腹板较薄,腹板与两侧边缘连接处的圆角较小,模锻时容易产生折叠;大头部分为叉形,在终锻前需要进行劈料;杆部与大头连接处宽度有突变;由于是大批量生产,应尽量提高锻模的使用寿命,因此选用预锻工步是合理的。

因此,这种连杆锻件的模锻工艺方案确定为拔长、开式滚压、预锻和终锻。

6.7 坯料尺寸确定

所需坯料的截面积为

$$S_{坯} = 0.8 S_{最大} = 0.8 \times 2\,756 = 2\,204.8\,(\mathrm{mm}^2)$$

$$a_{坯} = \sqrt{S_{坯}} = \sqrt{2\,204.8}\ \mathrm{mm} \approx 46.9\ \mathrm{mm}$$

按照方钢规格,取边长 $a_{坯}$ = 45 mm。

坯料体积为

$$V_{坯} = V_{计}(1 + \delta) = 257\,400 \times (1 + 3\%) = 265\,122(\text{mm}^3)$$

式中 δ—— 烧损率。

坯料长度为

$$L_{坯} = \frac{V_{坯}}{a_{坯}^2} = \frac{265\,122}{45^2}\text{ mm} \approx 131\text{ mm}$$

根据坯料的长度和质量,适合采用调头模锻,一坯两件,坯长可取 $131 \times 2 = 262(\text{mm})$,经试锻,根据实际生产情况,坯料长度为 274 mm。

6.8 制坯模膛设计

1. 滚压模膛设计

滚压模膛的结构如图 6.4 所示。

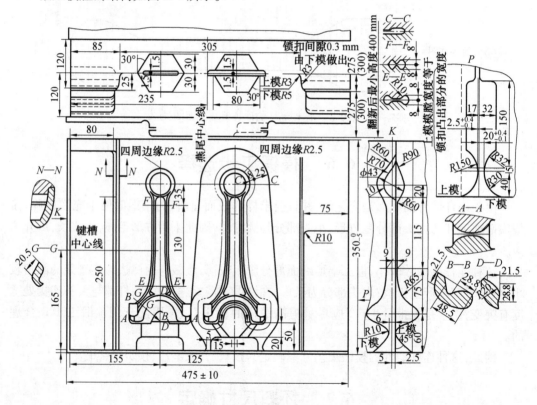

图 6.4 连杆锤用锻模图

(1) 模膛高度 $h' = Ka_{计}$,计算值和取用值见表 6.2,按各断面的高度值绘出滚压模膛纵截面外形,然后用圆弧或直线光滑连接并适当简化。

(2) 模膛宽度。

杆部:$B_{杆} > \dfrac{S_{杆均}}{h_{min}} + 10 = \left(\dfrac{511}{16} + 10\right) \approx 42(\text{mm})$

头部:$B_{头} > d_{max} + 10 = 1.13\sqrt{S_{计max}} + 10 \approx 69.32(\text{mm})$

将模膛头部宽度和杆部宽度取为一致,根据实际生产情况,模膛宽度 $B = 80$ mm。

(3) 模膛长度 L 等于计算毛坯的长度 $L_{计}$,即 $L = L_{计}$。

表 6.2 模膛高度的计算值和取用值

断面编号	K	计算值 $h'(= Ka_{计})$/mm	取用值 h/mm
1	1	43.9	43
2	1	42.6	40
3	1.2	63	81
4	0.8	17.9	18
5	0.75	16.2	16
6	0.8	18.9	18
7	1.0	52.1	52

2. 拔长模膛设计

(1) 拔长坎高度。

查表 3.6,选取 $K_2 = 0.9$,则拔长坎高度

$$a = K_2\sqrt{S_{杆均}} = 0.9 \times \sqrt{\dfrac{466 + 556}{2}} \approx 20(\text{mm})$$

(2) 拔长坎长度。

查表 3.7,选取 $K_3 = 1.1$,则拔长坎长度

$$C = K_3 d_{坯} = 1.1 \times 1.13 \times 45 \approx 56(\text{mm})$$

(3) 圆角半径。

$$R = 0.25C = 0.25 \times 56 = 14(\text{mm})$$
$$R_1 = 10R = 140 \text{ mm}$$

(4) 模膛宽度。

查表 3.8,选取 $K_4 = 1.6$,则拔长模膛宽度

$$B = K_4 d_{坯} = 1.6 \times 1.13 \times 45$$
$$= 81.4(\text{mm})$$

取 $B = 75$ mm

(5) 模膛深度。

$$h_1 = 1.2 d_{小头} = 1.2 \times 43 = 51.6(\text{mm})$$

取 $h_1 = 52$ mm

(6) 拔长模膛长度。

$$L_{拔} = 195 \text{ mm}$$

6.9 锻模结构设计

实际模锻时,加热炉位于 1.5 t 模锻锤的右方,因此拔长模膛布置在锤用锻模的右边,滚压模膛在锤用锻模的左边,如图 6.4 所示。预锻模膛和终锻模膛布置在燕尾中心线的左右两侧。

为减小连杆锻件的错差,锻模采用纵向锁扣。为保证上模两边的锁扣强度,将滚压模膛和拔长模膛的中心线分别下移 5 mm 和 4.5 mm。

锻件宽度为 81.2 + 2 × 11.2 = 103.6 mm。模壁厚度为 $S = 1 × 41.6/2 = 20.8$ mm。预锻模膛与终锻模膛的中心距 = 103.6 + 20.8 = 124.4 mm,取 125 mm。

考虑锻模应有足够的承击面积,锁扣之间的宽度取 305 mm,承击面积可达 52 000 mm^2。

燕尾中心线至检验边的距离为 155 + 125 × 2/3 = 238 mm,取为 235 mm。

采用吊线法找出终锻模膛中心离连杆大头前端 115 mm,结合模膛与钳口的壁厚及钳口长度,确定键槽中心线至检验边的距离为 165 mm。

查表 3.2,选择钳口尺寸为 $B = 90$ mm、$h = 40$ mm、$R_0 = 15$ mm。因采用调头模锻,钳口尺寸应考虑第一件终锻后不影响第二件模锻,故定为 $B = 80$ mm、$h = 30$ mm。查表 3.3,选择钳口颈尺寸 $a = 1.5$ mm、$b = 8$ mm。钳口颈长度 $l \geq 0.5 S_{min}$,钳口长度 $l_1 \geq S_{min}$(S_{min} 为锻模外壁最小厚度),根据模膛布置而定,取 $l = 20$ mm,$l_1 = 50$ mm。预锻钳口颈的设计需考虑两件连接处发生断裂等因素,将其宽度加大到几乎与整个钳口宽度相等。

模块尺寸(宽 × 长 × 高)选为 475 mm × 350 mm × 275 mm。

1.5 t 模锻锤导轨间距为 550 mm,模块与导轨之间的间距 $e = (550 - 475)/2 = 37.5$ mm,$e > 20$ mm,满足安装要求。

6.10 连杆锤模锻工艺流程

(1)下料:采用 5 000 kN 型剪切机在室温剪切下料。
(2)加热:采用半连续式加热炉,最高炉温为 1 220 ~ 1 240 ℃。
(3)模锻:设备为 1.5 t 模锻锤,模锻工步为拔长、开式滚压、预锻和终锻。
(4)热切边:设备为 1600 kN 切边压力机。
(5)磨飞边:采用砂轮机去除切边所剩下的飞边。
(6)热处理:设备为连续热处理炉,采用调质处理,硬度为 1 dB = 3.9 ~ 4.2 mm。
(7)酸洗:在酸洗槽中进行酸洗,清除氧化皮。
(8)冷校正:设备为 1 t 压板锤。
(9)冷精压:设备为 10 000 kN 精压机。
(10)检验。

参考文献

[1] 吕炎. 锻模设计手册[M]. 2版. 北京:机械工业出版社,2006.
[2] 牛晚强,孙敬彬. 锻件拔模斜度的探讨[J]. 凿岩机械气动工具,1997(1):53-56.
[3] 洪慎章. 实用热锻模设计与制造[M]. 2版. 北京:机械工业出版社,2016.
[4] 姚泽坤. 锻造工艺学与模具设计[M]. 3版. 西安:西北工业大学出版社,2013.
[5] 高锦张. 塑性成形工艺与模具设计[M]. 3版. 北京:机械工业出版社,2015.
[6] 崔令江,韩飞. 塑性加工工艺学[M]. 2版. 北京:机械工业出版社,2013.
[7] 闫洪. 锻造工艺与模具设计[M]. 北京:机械工业出版社,2012.
[8] 李春峰. 金属塑性成形工艺及模具设计[M]. 北京:高等教育出版社,2008.
[9] 夏巨谌. 金属塑性成形工艺及模具设计[M]. 北京:机械工业出版社,2008.
[10] 李书常. 新编锻模图册[M]. 北京:机械工业出版社,2012.
[11] 陈刚,韩飞. 体积成形原理与方法[M]. 哈尔滨:哈尔滨工业大学出版社,2020.
[12] 王以华. 锻模设计技术及实例[M]. 北京:机械工业出版社,2009.
[13] 彭献才. 关于预锻型槽的设计[J]. 锻压技术,1993(6):15-17.
[14] 黄瑶,王雷刚,刘全坤,等. 锤锻模型槽布置与模块尺寸确定CAD[J]. 金属成形工艺,1999,17(1):25-27.